MOHANDAS KARAMCHAND GANDHI

MOHANDAS KARAMCHAND GANDHI

ÍNDICE

Realización editorial:
Thema Equipo editorial S. A.
Textos:
Rosa Herranz

Impresión: Mateu Cromo, S. A.
ISBN: 84-87507-27-1
Depósito legal: M-28351-1998
Impreso en España / Printed in Spain

«La diferencia entre lo que hacemos y lo que seríamos capaces de hacer bastaría para resolver la mayor parte de los problemas del mundo»

Gandhi

EL NIÑO MOHANIA

AYUNOS VOLUNTARIOS EN EL PAÍS DEL HAMBRE

Profeta de la libertad, padre de la India, Mahatma o Bapu, así es como cariñosamente llamaban a Gandhi sus seguidores. En cualquier caso ha sido un personaje que logró cambiar el rumbo de la historia de la India al movilizar a un ejército de hombres no armados, nada menos que la quinta parte de los habitantes de toda la tierra (más de 400 millones de personas), en la búsqueda de un sueño común: la no violencia y la independencia de su país.

De mediana estatura, apariencia frágil y de una delgadez que le acomplejó intensamente durante su juventud, Gandhi desempeñó un importante papel en la historia: el de enfrentarse al Imperio británico con una filosofía totalmente distinta de la que imperaba en su época y ganar la batalla sin más fuerza que la convicción de sus creencias, sus ayunos, y el acercamiento a los problemas de sus habitantes. Las armas que dio a su ejército de fieles seguidores –el silencio, la tolerancia y la oración– alcanzaron los mismos objetivos que los fusiles y las bombas.

¿Acaso podía parecer serio, a los ojos de sus dominadores y del mundo entero, ayunar hasta la muerte, en un país devastado por el hambre? Aunque parezca una contradicción, la gran lección que dio a la humanidad consistió en inventar un nuevo sentido común e imponer la razón sobre las armas.

Su carisma personal hizo de este líder espiritual un personaje con un doble atractivo: los hechos por los que fue conocido y la fuerza personal que irradiaba, la que suelen tener todos los seres capaces de vivir de acuerdo con sus ideales.

Equivocado, idealista o contradictorio, Gandhi legó a la humanidad el más valioso de los testamentos, el ejemplo de su vida y de su lucha.

LA LLEGADA DE MOHANDAS AL MUNDO

Cuando Mohandas Karamchand Gandhi nació, su país –un auténtico crisol de razas y religiones, de grandezas y miserias– se llamaba las Indias y estaba sometido desde hacía más de trescientos años al dominio del Imperio británico. Millares de soldados británicos mantenían a raya a una población que parecía avanzar lentamente por un camino tortuoso, lleno de extrañas costumbres y donde la vida se detenía en los límites de la supervivencia.

Gandhi llegó al mundo el 2 de octubre de 1869 (el duodécimo día de la mitad del mes de Bhardava, según el calendario hindú) en la pequeña ciudad de Porbandar, un puerto a orillas del mar de Omán (perteneciente al estado de Gujarat). Ciudad de pescadores y armadores, Porbandar era conocida también como la «Ciudad Blanca», por sus numerosos templos y callejuelas de piedra blanca.

Al nacer, y según la tradición, la carta astral del pequeño Mohania le predijo una vida llena de viajes y dificultades, mucha agitación y escasa felicidad.

La precaria situación del pueblo hindú favoreció el surgimiento de algunas voces, que se alzaron contra el totalitarismo de sus mandatarios. Una de ellas era la de Gandhi, artífice de un movimiento social sin precedentes, que buscó ante todo la defensa de la dignidad del individuo. La ilustración de A. Beltrame (1902) refleja el estado de postración a que se vio sometida la población.

EL BENJAMÍN DE LA FAMILIA

Mohandas –a quien familiarmente llamaban Mohania– fue el cuarto y último hijo de Karamchand Gandhi y de su cuarta esposa, la joven Putlibai. De los anteriores matrimonios de su padre, de los que enviudó, Gandhi tenía dos hermanas más.

Curiosamente, el nombre elegido para el benjamín de la familia tuvo algo de profético, como la historia demostraría algunos años más tarde. Porque Mohandas significa «esclavo de Mohan», el otro nombre del dios hindú Krishna. En el *Bhagavad Gita*, libro sagrado de los hindúes, Krishna enseña a sus seguidores que «la no-violencia, la verdad, estar libre de cólera, la renuncia, la simpatía por todos los seres, la suavidad, el perdón, la fortaleza y la ausencia de orgullo... son los tesoros del hombre que ha nacido para el cielo». Y en la no violencia y en la fortaleza, Gandhi basó su original doctrina, la que un día derrotaría al mayor imperio del mundo.

UNA FAMILIA CON TIERRAS Y PROPIEDADES

Mohandas Gandhi nació en el seno de una familia acomodada que poseía tierras y propiedades. Su padre, al igual que sus antepasados desde hacía seis generaciones, era diwan, es decir, primer ministro del pequeño principado de Porbandar y miembro de la corte de Rajasthanik. Su función como primer ministro era responsabilizarse de todos los asuntos de estado, incluyendo el sistema tributario y el mantenimiento de la ley y el orden. Además, era un experto funcionario civil que en ocasiones había trabajado en otros estados cercanos, como en el de Rajkot, en el que Gandhi ejercería de abogado durante un período de su vida.

Ser diwan suponía un respetable honor para alguien perteneciente a la tercera casta en el sistema social hindú. Los Gandhi eran «vacias», como todos los comerciantes, mercaderes, pequeños terratenientes y funcionarios de aquel país. De hecho, la palabra «Gandhi» significa «tendero». Dentro de esta casta, formaban parte de la subcasta de los Modhs Banias, y ser bania, en la India, significaba ser un comerciante sutil y astuto: «Mi padre –rememoró Gandhi– carecía de toda educación, salvo la de la experiencia. A lo sumo podría decirse que sabía leer un poco de gujaratí. Pero su rica experiencia en cuestiones prácticas, le permitió solucionar asuntos intrincados y dirigir a centenares de hombres. Era un hombre auténtico, sincero, valiente y generoso».

LAS RÍGIDAS CASTAS HINDÚES

Porque en la India, y más concretamente en la sociedad dominada por la religión hindú, las castas sociales regían –y éstas perduran todavía en la memoria colectiva, a pesar de que legalmente han sido abolidas– toda la vida de una persona, desde el nacimiento hasta su muerte. La religión hindú predica que si un hombre o una mujer osan cambiar de casta serán duramente castigados por los dioses en las próximas vidas. Y que el sufrimiento padecido con resignación durante la vida terrenal dará paso a una vida más digna en la próxima reencarnación.

Generaciones enteras de hombres y mujeres aceptaban con sumisión, en una suerte de tremendo fatalismo, los designios del destino. Con estas rígidas leyes sociales, que Gandhi combatió con todas sus fuerzas, es fácil comprender la perpetuación de la miseria de millones de seres humanos que sólo esperan la muerte para acceder a una vida mejor.

Esta misma intolerancia, que obligó a millones de hindúes a buscar en el seno del islam un remedio a sus infortunios, llegaría a crear un abismo entre las dos comunidades religiosas de la India, que las llevaría a enfrentarse en una lucha fratricida que dejó tras de sí más de un millón de muertos y otros tantos heridos.

DESIGUALES A LOS OJOS DE DIOS

Cuando Gandhi nació, el sistema social hindú estaba compuesto por cuatro castas principales: los brahmanes, casta superior a la que pertenecían los eruditos, los letrados y los maestros religiosos; los chatrias, guerreros por tradición y de donde procedían los príncipes y reyes; los vacias (la casta de los comerciantes y funcionarios a la que pertenecía Gandhi), y los sudras, artesanos, campesinos y empleados no especializados que trabajaban siempre al servicio de los demás. Y fuera de esta enumeración, los «intocables», los sin casta, los parias, desheredados de la tierra, a los que Gandhi llamó haridjans, o hijos de Dios. Pero aún deberían transcurrir algunos años antes de que la verdadera realidad de la pobreza y las desigualdades sociales en las que vivía la mayoría de sus compatriotas traspasasen el corazón y el espíritu de Gandhi hasta convertir su combate en la razón de su vida.

HIJO DE UNA MUJER MUY RELIGIOSA

Sus profundas creencias religiosas y el interés por todo lo espiritual fueron fruto de la influencia de su madre, Putlibai. Mujer de convicciones religiosas muy profundas, hindú ortodoxa, Putlibai cumplía y hacía cumplir a sus hijos los principales mandatos de su religión. Adoradores de Visnú, el dios de la piedad, que vino al mundo para conducirnos de nuevo a la bondad, los Gandhi eran, como exigía el rito ortodoxo, vegetarianos estrictos.

Su madre solía realizar frecuentes ayunos de purificación al tiempo que practicaba la tolerancia. Putlibai enseñó a sus hijos a respetar las diferentes religiones, y junto con su marido, mantenían relaciones amistosas con musulmanes y parsis, con jainitas, sijs y cristianos. De hecho, la formación religiosa y humana que le transmitieron sus padres tuvo una importancia fundamental en el desarrollo de la personalidad del pequeño Mohandas. Tolerantes y respetuosos con todos los principios morales, los padres de Mohandas consideraban, como fieles seguidores de Visnú, que la fuerza espiritual de un hombre depende de la pureza de su corazón y de su capacidad para perdonar las injurias y autodisciplinarse.

UNA MADRE ADMIRABLE

Las enseñanzas y los ejemplos de sus progenitores germinaron profundamente en el corazón de Mohandas y, años más tarde, sus frutos no sólo hicieron tambalear el poder del más grandioso imperio del mundo, sino que también consiguieron acercar la justicia a la vida de los más desvalidos y marginados, reclamando una igualdad social que no supiera de razas, culturas, religiones o clases.

Refiriéndose a su madre, Gandhi escribió en su autobiografía: «La impresión sobresaliente que me produjo mi madre fue la de la santidad; podía hacer los votos más difíciles y cumplirlos sin acobardarse». Y, también en su autobiografía, narra un hecho que marcó los primeros años de su vida. Su madre, en época de lluvias, hizo el voto de no ingerir ningún alimento «hasta la aparición del sol. Y mis hermanos y yo, que éramos niños, permanecíamos largo tiempo contemplando el cielo, deseosos de que el sol saliera para nuestra madre».

LA INFANCIA DE UN NIÑO PUSILÁNIME

A diferencia de millones de niños hindúess, que desde que aprenden a andar se ven obligados a trabajar para sostener las precarias economías familiares, Gandhi disfrutó de una infancia tranquila. Según sus propios recuerdos, sus primeros años transcurrieron entre juegos compartidos con sus hermanos: «Pasé mi primera niñez en Porbandar. Allí me enviaron a la escuela y tuve ciertas dificultades con las tablas de multiplicar». No fue un estudiante brillante, aunque destacaba en geometría, porque «tan sólo me exigía el uso de la facultad de razonar». De naturaleza sensible y frágil, fue un niño solitario, tímido y muy asustadizo, que tenía miedo de los fantasmas, las serpientes y la oscuridad: «Mis únicos compañeros eran los libros y las lecciones. Me aterrorizaba que alguien pudiera burlarse de mí». Cuando cumplió 7 años, su padre se trasladó al vecino estado de Rajkot para ejercer como primer ministro, y allí fue donde finalizó sus estudios primarios y, más tarde, a los doce años, los secundarios.

UN NIÑO-ESPOSO DE TRECE AÑOS

Siguiendo la tradición hindú, Mohandas se casó a los trece años con Kasturbai Nakanji, hija de otro comerciante. Las ancestrales costumbres hindúes marcaron, pues, su temprana adolescencia:

«Fui comprometido en tres ocasiones, la última, a los 7 años. Las dos primeras muchachas murieron». El pequeño Mohania supo de su próximo matrimonio menos de un año antes de celebrarse la ceremonia. Los largos preparativos que comportaba una boda hindú ocuparon aquellos meses de su vida. Como para cualquier niño de esa edad, se trató de un momento especial, y como tal lo vivió: «El matrimonio no significó para mí otra cosa que la perspectiva de llevar hermosas ropas, asistir a las fiestas nupciales y a los ricos banquetes y tener una niña desconocida como compañera de juegos infantiles».

La triple ceremonia –ya que el mismo día contrajeron matrimonio además de Mohandas, un hermano suyo y un primo– se celebró en la ciudad natal de Gandhi. Su padre asistió a la ceremonia malherido, al volcar el carruaje en el que viajaba para asistir a los esponsales. De hecho, fue la celebración de ese triple matrimonio la que mermó considerablemente la fortuna familiar: «Mi padre fue un hombre que nunca tuvo ambición de amasar riquezas, y a su muerte, nos dejó muy poca cosa», escribió en su autobiografía.

CONTRA LOS MATRIMONIOS INFANTILES

El matrimonio de Mohandas y Kasturbai –una mujer analfabeta que nunca aprendió a escribir y que leía con dificultades– duró sesenta y dos años, hasta la muerte de ella, ocurrida en 1944. Fiel compañera de vida y peligros, de decisiones y riesgos, Kasturbai fue una mujer de fuerte autodeterminación y carácter, que se mantuvo siempre al lado de su esposo, incluso cuando no comprendía o no compartía sus decisiones, tanto las políticas como las que se referían a sus hijos. La analfabeta esposa de Gandhi tuvo también el «honor», al igual que su marido, de conocer las cárceles británicas, puesto que en diversas ocasiones fue privada de su libertad.

A pesar de que Gandhi fue un hombre afortunado en ese inevitable matrimonio impuesto, no por ello dejó de analizar con paciencia de cirujano y de criticar abiertamente esa costumbre tan arraigada y perjudicial de casar a los niños: «No se tenía en cuenta el bienestar de los niños y menos aún sus deseos. Se trataba únicamente de una cuestión que se resolvía según la conveniencia y el punto de vista económico de los padres».

Al igual que sucedía a la gran mayoría de niños hindúes, Mohandas tuvo que retrasar un año sus estudios superiores a causa de los cuantiosos e interminables preparativos de la boda. Para su hermano mayor fue peor todavía, ya que por esa misma razón abandonó por completo sus estudios.

Mohandas aceptó con alegría la compañía de Kasturbai: «La quería con verdadera pasión y no podía apartarla de mi memoria. Estar separado de ella, cuando diariamente asistía a la escuela, me resultaba insoportable».

JUGANDO A SER REBELDE

Gandhi, que siempre se reconoció como un hijo obediente y nada conflictivo, vivió también una época de rebeldía. Arrastrado por la influencia de Cheikh Methab, un compañero de estudios musulmán, y con el fin de superar el complejo que sentía por ser tan delgado y asustadizo, aceptó probar la carne, poco menos que un sacrilegio para una familia de hindúes ortodoxos. Además, dada la gran influencia que el jainismo –una antigua religión parecida al budismo, cuyos seguidores practican la no violencia y son vegetarianos estrictos– tenía en el estado de Gujarat y la estrecha relación que sus padres mantenían con jainitas, el joven Mohania era consciente de que comer carne era mucho más que una simple travesura. Ese amigo convenció en primer lugar a Laxmidas, hermano mayor de Mohandas. Y él, por imitarlos y por el deseo de conseguir una apariencia más fuerte, siguió el ejemplo.

COMIENDO CARNE PARA SER MÁS FUERTE

Delgado y espigado y de aspecto frágil, al niño y adolescente le avergonzaba su apariencia física, su poca fortaleza. De hecho, esas fueron las auténticas motivaciones que le llevaron a transgredir una norma sagrada para sus padres y su religión: «Mi hermano y mi amigo eran más fuertes y audaces que yo. Y empecé a pensar que si comía carne me convertiría en un hombre más fuerte y valiente... La primera vez que comí carne me asaltó una horrenda pesadilla. Apenas me quedaba dormido sentía balar en el interior de mi cuerpo una cabra y me despertaba lleno de remordimientos». Tras un año de experiencias furtivas y secretas, «en el que participé en total en media docena de banquetes carnívoros», Gandhi decidió dejar de mentir a sus padres, quienes nunca se enteraron de que dos de sus hijos habían comido carne de cabra: «Decidí que cuando mis padres ya no viviesen y yo tuviera libertad absoluta, comería carne abiertamente. Y me abstendría de hacerlo hasta ese momento». Pero Gandhi nunca más volvió a comer carne. A medida que avanzó en su estudio de los textos religiosos y en la formación de sus ideas, llegó a la conclusión de que la alimentación vegetariana era la más pura para el cuerpo y para el alma, convirtiéndose en un gran defensor del vegetarianismo.

LA MUERTE DEL PADRE Y DEL PRIMER HIJO

En 1885, cuando Gandhi cumplió dieciséis años, su padre enfermó de forma crónica. Tremendamente encariñado con él, compartió con su madre el cuidado del anciano: «Todo mi tiempo estaba dividido entre mis deberes escolares y cuidar de mi padre: le masajeaba las piernas y me ocupaba de vestirle y darle las medicinas».

Por aquel entonces, Kasturbai, su jovencísima esposa, esperaba su primer hijo. La noche en que murió su progenitor, Mohandas dejó a su padre moribundo en compañía de su tío. Mientras él retozaba con su esposa, un criado llamó a la puerta, interrumpiéndoles en sus juegos amorosos, para anunciarles la muerte del anciano. Los remordimientos por no haber estado junto a su querido padre, le acompañaron toda la vida, reprochándose siempre no haber estado junto a él en sus últimos momentos: «Corrí a la habitación de mi padre y comprendí que si la pasión animal no me hubiese cegado tal vez hubiera muerto en mis brazos. Fue mi tío quien tuvo ese privilegio. La vergüenza de mi deseo carnal es una falta que jamás he podido disimular ni olvidar. Mi pensamiento se hallaba aprisionado en aquellos instantes por las garras de la lujuria».

Y para ayudarle a fijar para siempre en su memoria el triste suceso, el primer hijo de Mohandas y Kasturbai apenas sobrevivió tres o cuatro días. Los meses siguientes fueron duros y penosos, marcados por el remordimiento y la tristeza por las dos muertes: la del padre y la del hijo. Así es como él lo recordó en su autobiografía: «El deseo carnal absorbía lo mejor de mi ser, que hubiera debido entregar a los estudios y, además, no me permitió cumplir plenamente con otro deber mucho mayor: el de la dedicación a mi padre».

EL SUEÑO DE SER MÉDICO

Un años después de la muerte del padre, en 1887, aprobó los exámenes del instituto y fue enviado al colegio mayor de Ahmedabad, el más cercano a su ciudad, para preparar el ingreso a la Universidad. Su inglés –idioma en el que se daban la mayoría de las clases– no era muy bueno, y al cabo de un cuatrimestre regresó a su casa decepcionado.

Un amigo de la familia, el monje jainista Becharji Swami, sugirió que enviasen a Mohandas a Gran Bretaña a estudiar derecho, la carrera elegida por su padre para el benjamín de los Gandhi: «Los tiempos han cambiado. Y ninguno de vosotros puede aspirar a seguir la carrera de vuestro padre sin poseer una educación adecuada. Os recomiendo que enviéis a Mohandas a Gran Bretaña este mismo año», les dijo Swami.

Laxmidas, el hermano mayor de Mohandas y cabeza de familia, estaba de acuerdo, puesto que pensaba que su hermano podría obtener el mismo cargo que su padre y sus antepasados: el de respetable diwan de Porbandar.

Pero en su autobiografía, el propio Gandhi reconoció que se vio obligado a seguir los estudios de derecho por la imposición familiar y que su verdadero deseo hubiera sido estudiar medicina. Fue su hermano Laxmidas quien le recordó sus obligaciones familiares: «A nuestro padre nunca le gustó que quisieras estudiar medicina. Nosotros, los vacias, no debemos jamás hacer la disección de organismos muertos. Nuestro padre quería que fueses abogado». Aunque no pudo cumplir sus deseos, se convirtió en un especialista en dietética y salud y en un entendido en las enfermedades más corrientes.

EL JOVEN GANDHI

TRES VOTOS SOLEMNES

La madre y el hermano de Gandhi reflexionaron sobre el consejo de enviar a Mohandas a Londres a estudiar leyes y decidieron que era lo mejor para reclamar los derechos familiares con respecto al estado de Porbandar.

Pero enviar a Mohandas a Gran Bretaña era un lujo que su maltrecha economía no podía permitirse. A este obstáculo se sumaba la tristeza de Putlibai por tener que prescindir de la compañía de su hijo, y la duda de que la distancia y las novedades de la cultura europea pudieran corromperle.

Ante la evidencia de que era lo único que se podía hacer por el bienestar y el futuro de Mohandas y de la familia entera, la madre de Gandhi aceptó la idea, pero le impuso la promesa de cumplir tres votos solemnes que confirmó ante el monje jainista: no comer carne, no beber vino y no ir con mujeres.

El joven Mohandas soñaba con ese viaje a Gran Bretaña, en el que veía una solución a su futuro, aunque le entristecía alejarse de Kasturbai. Por aquel entonces acababa de nacer su hijo Halilal.

PROHIBIDO CRUZAR EL MAR

Acompañado de su hermano mayor, viajó hasta Bombay, donde debía embarcar con destino a la capital del Imperio. Pero el mal estado del mar le obligó a esperar en Bombay durante unos meses que se le hicieron interminables. Laxmidas regresó a Porbandar para seguir haciéndose cargo de los negocios familiares y Mohandas se quedó solo en Bombay. La espera fue lo suficientemente larga como para que los jefes de la comunidad de los Modhs bania (subcasta de los vacias, a la que Gandhi pertenecía) pusieran el grito en el cielo al enterarse de que uno de los suyos pretendía cruzar el mar, algo inimaginable entre los banias. Los jefes de su comunidad convocaron una reunión y le prohibieron viajar a Gran Bretaña, pues de acuerdo con sus creencias religiosas cualquier hindú ortodoxo que cruzara el mar perdería su casta y se convertiría en «intocable», ya que se vería obligado a comer y beber con los europeos.

UNA VALIENTE DECISIÓN

Pero Mohandas, en un alarde de valor e independencia, respondió a sus jefes religiosos que la casta no debía inmiscuirse en una cuestión puramente personal, y tomó su primera gran decisión: el 4 de septiembre de 1888 zarpó rumbo a Gran Bretaña. La reacción por parte de los desairados hindúes no se hizo esperar y Gandhi fue declarado «descastado». El joven de dieciocho años que llegaba a la cuna del imperio de su país era totalmente ajeno a los problemas con que iba a enfrentarse. En la India dejaba una esposa y un hijo de pocos meses. En Gran Bretaña conocería otra cultura diferente a la suya y empezaría a rebelarse contra algunos de los prejuicios del hinduismo. En cualquier caso, la experiencia le sirvió para reafirmarse en su carácter y en el compromiso que, poco a poco, iba adquiriendo con la verdad.

LA INDIA QUE DEJÓ GANDHI

Cuando Gandhi zarpó rumbo a Gran Bretaña era un joven estudiante que había vivido siempre protegido por su familia y que apenas había tenido

Muelle londinense donde las naves llegadas de la India descargaban sus mercancías. Maderas exóticas, piedras preciosas y especias se amontonaban en los embarcaderos a la espera de que una sociedad, sobre todo burguesa, comprara con avidez, y a bajo precio, lo que Gandhi llamó «frutos del expolio colonial».

que enfrentarse a ninguna responsabilidad. Su universo lo constituían sus amigos, sus familiares, su esposa y sus estudios. Era un mundo tolerante y reducido, por lo que es probable que desconociera mucho de la realidad social que asomaba a su alrededor. Al subir al barco que le llevaría a Gran Bretaña, dejaba a sus espaldas un enorme subcontinente hindú, dividido en once provincias gobernadas oficialmente por los británicos desde 1858, fecha en que la India pasó a la soberanía de la Corona Británica, bajo el reinado de la reina Victoria.

Mohandas era un escolar de ocho años cuando la bisabuela de Jorge VI y de Louis Mountbatten –el último virrey británico y con el que negociaría después las condiciones de la independencia de su país– fue proclamada emperatriz de la India en una llanura próxima a Delhi.

UN POBRE PAÍS RICO

Desde hacía más de tres siglos, la India aseguraba la gloria y el poderío comercial del Imperio británico. En los muelles del Támesis se amontonaban barcos cargados de montañas de pimienta, caucho, azúcar, seda y algodón, procedentes de la India.

La Corona estaba representada en la India por la figura del virrey. Con el gobierno de su majestad cohabitaban en concordia 565 estados principescos gobernados por maharajás (príncipes hindúes) o nizam (príncipes musulmanes). La armónica convivencia tenía su explicación en que, por primera vez y en comparación a la anterior historia de la India, la administración británica gobernaba con frialdad y en relativo distanciamiento de las costumbres y los deseos de sus habitantes, pero aplicando en la mayoría de los casos leyes basadas en el respeto a la justicia, que trataban a todos por igual con independencia de su religión, casta o raza.

El Imperio había dotado a ese extenso país de una de las redes ferroviarias más largas e importantes del mundo. La posibilidad de comunicarse potenció el que los hindúes quizá por primera vez en su historia, empezaran a pensar en sí mismos como miembros de una única patria y no sólo como ciudadanos de sus pequeños principados.

AÑORANZA DE LA FAMILIA

Desde el mismo momento en que Gandhi bajó del barco que le llevó hasta el puerto de Southampton, intentó adaptarse a las costumbres europeas, vistiendo un tradicional traje de franela al estilo del viejo continente que había adquirido en Bombay. Durante los primeros días de su estancia en Londres se alojó en el lujoso hotel Victoria, cercano a Trafalgar Square.

Las primeras semanas fueron muy duras: «Pensaba en mi familia y en mi país. Todo me resultaba extraño y continuamente tenía que estar alerta». Pero a pesar de la nostalgia, y para acomodarse a su nueva vida, Gandhi empezó a vestirse como un *gentleman* británico. Su atuendo habitual constaba de chistera de seda, frac, botas de charol, guantes blancos y un bastón con puño de plata. En Gran Bretaña, y obsesionado por convertirse en un perfecto «dandy», aprendió a hacerse el nudo de la corbata, a engominarse el pelo, a comer con cubiertos y a llevar sombrero de copa. Y en sus intentos de adaptarse a las costumbres de ese país tan distinto del suyo, contrató a un profesor de baile y recibió clases de francés. También intentó aprender a tocar el violín. La «fiebre» pro británica le duró los tres primeros meses de estancia en la capital londinense, los mismos que tuvo de ocio mientras esperaba que comenzaran sus clases de derecho: «Decidí que yo era un estudiante y que debía olvidarme de esas fatuas ambiciones. Debía prepararme para la universidad y nada más. Si mi carácter me llevaba a convertirme en un caballero, tanto mejor», concluyó.

El ser vegetariano le supuso otra dificultad añadida en una sociedad predominantemente carnívora. Hasta que conoció los pocos restaurantes de la capital en los que podía comer de acuerdo con sus principios, Gandhi confesó haber pasado hambre. Después, y para ahorrar, él mismo se hacía su propia comida.

UN JOVEN CONSCIENTE Y RESPONSABLE

Sin embargo, ese proceso obligado de adaptación para un muchacho que se encontraba tan lejos de su casa y de su entorno no le hizo olvidar su verdadera misión –estudiar abogacía– y el esfuerzo económico que significaba para su familia el asegurar su futuro. La vida en Londres era muy cara en comparación con el nivel de vida de la India, y por ello el joven Gandhi sentía la obligación moral de cuidar el dinero y economizar tanto como le fuera posible.

A los pocos días de llegar, y escandalizado por la rapidez con que desaparecía el dinero de sus bolsillos, abandonó el elegante hotel Victoria y se trasladó a una pensión situada en el nº 20 de Barons Court Road W14, por la que pagaba 30 chelines semanales.

Poco después, a la nostalgia se le añadió una enfermedad, la tiña. Por ello, y ante la insistencia del doctor P. J. Metha, un hindú afincado en Gran Bretaña y amigo de la familia se trasladó a Richmond, alojándose en el hogar de su compatriota.

OBSESIONADO POR EL AHORRO

Repuesto de su enfermedad y para no abusar de la confianza del nuevo amigo, Gandhi cambió de nuevo de residencia para reducir más todavía sus gastos.

El lugar elegido fue una pensión regentada por una familia anglo-india, situada en West Kensington. De esa manera, ahorraba algunos chelines más a la semana, aunque poco después, obsesionado por el coste que su estancia generaba a su hermano mayor, procuró abaratarla algo más y se mudó a una sencilla habitación de Tavistock Street por la que pagaba 15 chelines a la semana: «Registraba hasta el último penique invertido en viajes o en la compra de los diarios. Conseguí vivir con sólo un chelín y tres peniques por día. El hábito de anotar los gastos lo he conservado siempre».

Además, este cambio de residencia le permitía ir andando de la universidad a casa. Dar largos paseos era una de sus actividades preferidas, actividad que desarrolló a lo largo de toda su vida. Como él mismo confesó en su autobiografía: «Conseguí combinar la economía con el ejercicio de andar. Fue principalmente esta costumbre de dar largos paseos la que me mantuvo libre de toda enfermedad y fortaleció mi cuerpo considerablemente».

VEGETARIANO CONVENCIDO

En sus paseos por Londres, Gandhi encontró un libro sobre teoría de la comida vegetariana en el que se trataba de demostrar que los grandes filósofos y profetas, desde Pitágoras a Jesús, habían sido vegetarianos. A partir de esa lectura, ser vegetariano ya no fue únicamente el fruto de una promesa familiar, sino una convicción profunda; en primer lugar, para conservar la salud, y años más tarde por razones religiosas y éticas. A lo largo de su vida, Gandhi experimentó diferentes dietas, hasta encontrar la que se adaptaba mejor a sus necesidades. Su alimentación se basaba, principalmente, en todo tipo de frutas, hortalizas, cereales, legumbres y frutos secos. Algunos meses después de llegar a Londres se inscribió como socio de una sociedad vegetariana de la que fue miembro de la junta directiva.

BUSCANDO EN LOS LIBROS

Fue en Londres donde Gandhi leyó por primera vez el *Bhagavad Gita*, un poema de 700 estrofas divididas en 18 cantos y que es el libro más conocido de los textos sagrados hindúes. Su lectura le introdujo profundamente en la religión a la que pertenecía por nacimiento. Después, cuando empezó a predicar sus máximas de bondad, pacifismo y no violencia, explicó que el pasaje del *Gita* que más le había impresionado fue el que dice así: «Aquel que abandona todos sus deseos y se aparta del orgullo por sí mismo y por las posesiones alcanza la meta de la paz suprema».

Con el tiempo, Mohandas Gandhi llegó a saberse de memoria todo el libro, abriendo sus páginas siempre que tenía alguna duda o que algo le preocupaba. Otro texto importante de su estancia londinense fue el *Manusmriti*, escrito por un legislador hindú, que contiene preceptos religiosos. Éstas eran sus palabras preferidas: «Ofrece un gran convite por un cuenco de agua. Inclínate hasta el suelo por un saludo amable. Paga un simple céntimo con oro. No ahorres tu vida por quien salva la tuya. Presta atención a las palabras y a los hechos de los sabios porque ellos devuelven centuplicado el más mínimo favor. Y recuerda que el que es sincero y consecuente reconoce a todos los hombres como uno y paga el mal con bien sin perder la alegría».

También se interesó por la vida de Buda, por el Corán y la Biblia, destacando de este último libro sagrado, el evangélico Sermón de la Montaña: «Amad a vuestros enemigos, bendecid a los que os maldicen, haced el bien a aquellos que os odian y rezad por aquellos que os utilizan y persiguen».

LAS VENTAJAS DE LA TIMIDEZ

Durante su estancia en Gran Bretaña alternó muy poco a causa, sobre todo, de su innata timidez, cualidad que años después consideró una ventaja: «Mis vacilaciones para hablar, que antes me abrumaban, son ahora un auténtico placer. El mayor beneficio de la timidez consiste en que gracias a ello he aprendido a economizar palabras. He adquirido el hábito de reflexionar antes de hablar».

Además de sus compañeros de universidad y de los partidarios de la comida vegetariana, Gandhi conoció a muy pocas personas en Gran Bretaña. Entre ellas se encontraba el escritor Narayan Hemchandra, traductor de Rabindranath Tagore, el poeta y premio Nobel que un día bautizaría a Gandhi con el nombre de Mahatma (Alma grande). Mohandas ayudó a su compatriota en el aprendizaje del idioma inglés, convirtiéndose en su profesor.

UN HINDÚ EN PARÍS

En 1890, un año antes de concluir su estancia en Europa, viajó a París, ciudad en la que se celebraba la Gran Exposición: «Me llamaba mucho la atención la Torre Eiffel, pues hasta entonces pensaba que era imposible erigir una estructura tan alta... y que se mantuviera en pie». El que más tarde sería su incondicional amigo, el escritor ruso León Tolstói, declaró públicamente que la torre era «un monumento a la estupidez humana y no a su sabiduría». Gandhi permaneció siete días en París, recorriendo toda la ciudad con la ayuda de un mapa.

El 10 de junio de 1891, a los veintidós años, Mohandas Gandhi finalizó sus estudios de derecho en el Inner Temple. El 11 del mismo mes se inscribió en el colegio de abogados de la capital británica y al día siguiente embarcó con rumbo a la India, donde le esperaba su familia y su futuro profesional. O, por lo menos, esto es lo que Mohandas Gandhi creía entonces.

NUNCA MÁS ABRAZARÍA A SU MADRE

Pero ni su familia estaba completa ni su futuro iba a ser un camino fácil. En el puerto de Bombay le esperaba su hermano Laxmidas, quien le comunicó que su madre había muerto unas semanas atrás y que, para no afligirle durante el viaje de vuelta, había preferido ocultárselo. El fallecimiento de su querida madre provocó una gran tristeza en el joven: «Mi pena fue superior a la que me produjo la muerte de mi padre y mis esperanzas más queridas se derrumbaron», escribiría años después al rememorarlo.

Antes de emprender el camino de regreso a la casa familiar, Mohandas siguió el consejo de su hermano mayor, quien le habló de la conveniencia de sumergirse en el río sagrado a su paso por Nasik con el fin de purificarse, ofreciendo a su vez un convite de desagravio a los jefes de comunidad de casta, los mismos que tres años antes lo habían «descastado».

Mohandas admiraba fervientemente a su hermano, el auténtico cabeza de familia tras la muerte de sus progenitores: «Mi devoción hacia él era proporcional al cariño que sentía y, automáticamente, hacía lo que mi hermano deseaba y su voluntad era ley para mí». Por ello, a pesar de tener su propia opinión y de no estar de acuerdo, siguió la sugerencia fraternal: «Jamás busqué la admisión en el grupo que se negó a readmitirme. Ni tampoco guardé el menor rencor hacia los cabezas de ese grupo. Algunos de ellos me miraban con antipatía, pero yo evitaba escrupulosamente herir sus sentimientos. Respeté plenamente las órdenes de la casta sobre la excomunión, según las cuales ninguno de mis parientes, incluso mi suegro y mi suegra y hasta mi hermana y cuñado, podrían agasajarme: ni siquiera tenía derecho a beber agua en sus casas».

UN JOVEN ABOGADO EN LA INDIA

Con el pesar de una desdichada ausencia a sus espaldas, Mohandas Gandhi regresó a Rajkot con la intención de ejercer de diwan, el mismo cargo que habían ocupado su padre y sus antepasados. A los problemas derivados por su falta de experiencia y la escasez de trabajo, se le sumaron los continuos enfrentamientos y disputas con su esposa Kasturbai. Para entonces, Halilal, su hijo, tenía 4 años.

Como solía suceder a la mayoría de los estudiantes hindués que abandonaban su país para estudiar en Europa, Gandhi también quiso «britanizar» a su esposa: «Quería que aprendiera a leer y escribir con mi ayuda, pero se interpuso mi lujuria y ella tuvo que sufrir las consecuencias de mis defectos».

Mohandas experimentó en su hogar lo que había aprendido sobre normas dietéticas. Cambió las costumbres e impuso a su familia los trajes parsis (casaca y pantalón), más parecidos a los europeos.

DIFÍCIL FUTURO

Los tiempos habían cambiado y la realidad se impuso. El futuro profesional que esperaba a Mohandas Gandhi, el joven abogado de veintitrés años inscrito en la High Court de Londres no iba a ser nada fácil. El sueño de ser diwan se esfumó junto con las esperanzas familiares sobre los derechos adquiridos por todos sus antepasados. Y dado que Rajkot era una pequeña ciudad en la que había muchos abogados y poco trabajo, decidió trasladarse, tras consultarlo con su hermano, a Bombay en busca de mayor fortuna.

El propio Gandhi explicaba así su situación: «Había estudiado las leyes, pero no había aprendido cómo aplicarlas. Mis estudios no habían disipado mis temores ni mi sensación de desamparo. No me sentía calificado para la práctica de la jurisprudencia».

En Bombay se dedicó durante medio año al estudio de las leyes indias. En su autobiografía, reconoció que en Gran Bretaña no había aprendido nada sobre los derechos hindú y musulmán, los únicos válidos en su país.

Su primer caso fue encargarse de la defensa de su hermano Laxmidas contra un funcionario británico que le había despedido. Pero su timidez le hizo fracasar ante los tribunales.

El hombre que treinta años después movió a cuatrocientos millones de personas con la fuerza de sus palabras, fue incapaz de pronunciar un alegato en defensa de su hermano y cliente.

ESCRIBIENTE DE LOS POBRES

Durante meses vagó por los tribunales de Bombay, y ante su fracaso y a fin de no gravar la maltrecha economía familiar, regresó a Rajkot. Allí se ganó la vida modestamente escribiendo peticiones y escritos legales para las personas que no sabían leer ni escribir.

Gandhi solía ir cada día a los tribunales, para escuchar los diferentes pleitos, «pero no puedo decir que aprendiera gran cosa. Tenía pocos conocimientos para poder aprender mucho. A menudo era incapaz de seguir los casos y me dormía. Pero como había otros que me acompañaban en el sueño, mi sentimiento de vergüenza se veía así aligerado».

Por ello aceptó con alegría y ciertas esperanzas la oferta de una empresa musulmana, Daba Abdulla & Co, para ser su representante legal en la sede que tenían en Durban (África del Sur y actual República de Suráfrica). La oferta incluía unos honorarios de 105 libras anuales más los gastos de viajes y manutención: «Yo deseaba salir de la India. Me parecía una tentadora oportunidad de ver mundo y adquirir nuevas experiencias. Además, con las 105 libras podría ayudar a mi hermano en los gastos de la casa».

Para entonces, Kasturbai acababa de dar a luz a Manilal: «Esta vez, lo que más me dolió fue separarme de mi esposa. Todavía no podía decirse que nuestro amor estuviera libre de lujuria, pero era cada vez más puro. Nos consolamos porque se trataba de una ausencia de un año».

Lo que Mohandas Gandhi no sabía es que el futuro no le deparaba una estancia de un año, sino de veintiuno, y que en aquel país iniciaría una lucha en favor de la igualdad y los derechos humanos. Un combate en pro de la libertad que después le haría famoso en el mundo entero.

GANDHI, ABOGADO

SOLO EN ÁFRICA DEL SUR

En aquella tierra tan lejana de su India natal, pero perteneciente también al gran Imperio británico, y que iba a ser su patria durante veintiún años, Gandhi iniciaría su búsqueda de la verdad y su defensa de los más pobres y marginados.

Fue en África del Sur donde Mohandas Gandhi descubrió los principios filosóficos que iban a cambiar su vida y, a partir de su transformación, la historia de la India. Allí no sólo pudo poner en práctica su recién estrenado oficio de abogado, sino que también maduró como ser humano y se hizo consciente de la realidad cruel del racismo y la desigualdad.

En el continente negro por excelencia, Mohandas Gandhi descubrió la identidad de la nación india, y se convirtió en un defensor de las libertades y en un brillante abogado. Él, que renunció a sus deseos de estudiar medicina por imposición familiar, llegó a ser para las autoridades de aquel país un astuto, incansable y temido abogado. Al llegar, en 1893, tenía 24 años. En la India dejaba una esposa y dos hijos varones de corta edad.

LA REALIDAD SUDAFRICANA

A finales del siglo XIX, África del Sur era un país formado por las colonias británicas de Natal y Colonia del Cabo, así como por Transvaal y Orange, dos territorios autónomos ocupados por bóers, los colonos blancos de ascendencia holandesa.

La coexistencia entre los dos grupos de colonos, bóers y británicos, no era pacífica, y en 1899, seis años después de la llegada de Gandhi a esa tierra, estalló una guerra que duraría tres años y que terminó con la victoria de los británicos. En 1910, los cuatro estados formaron la Unión Sudafricana, un miembro independiente del gobierno británico. Un grupo reducido de hombres blancos gobernaba sobre una población mayoritariamente negra. Los hindués eran también muy numerosos, ya que habían sido contratados por millares para trabajar en las plantaciones de caña de azúcar, porque su rendimiento laboral era mayor que el de los zulúes y esclavos negros.

UNA HUMILLADA COLONIA HINDÚ

La gran colonia hindú que vivía en África del Sur cuando Gandhi llegó estaba formada por comerciantes musulmanes, trabajadores hindúes (contratados en régimen de semiesclavitud, puesto que durante la duración del contrato de trabajo pertenecían al amo) y parsis. Los británicos allí residentes denominaban despectivamente *coolies* a todos los ciudadanos hindúes, independientemente de su religión.

Los componentes de esta inmensa colonia, al igual que los nativos de África del Sur, eran ciudadanos de segunda y tercera clase dentro del Imperio británico. Los prejuicios raciales –reflejados en leyes discriminatorias y tremendamente injustas– mantenían a todas las comunidades separadas, sin mezclarse unas con otras. Así, cuando Gandhi llegó, regía desde hacía unos años una ley especial en el Estado Libre de Orange que prohibía a los hindués ejercer cualquier profesión que no fuera servil. Es decir, sólo podían trabajar como camareros de hotel o sirvientes. Los comerciantes hindúes y musulmanes fueron expulsados de Orange y sus bienes, incautados.

En Transvaal, otro de los estados de la Unión, los hindués estaban obligados a pagar un depósito de tres libras al llegar al país y les estaba prohibido comprar tierras. Carecían del derecho al voto y no podían salir de sus domicilio después de las nueve de la noche si no poseían un pase especial.

EXPULSADO DEL TREN

Cuando Gandhi llegó a Durban (Natal) le esperaba en el puerto Sheth Abdulla, el hermano del comerciante que le había contratado. El futuro profeta de la pobreza vestía una elegante levita y turbante en la cabeza. Como descubriría poco después, la firma que le había contratado era una de las empresas hindúes más importantes en África del Sur.

El despertar de Gandhi a una realidad socialmente dura se produjo a los ocho días de su llegada, en un viaje de Durban a Pretoria (Transvaal), ciudad en la que debía asistir a la primera fase del juicio contra los deudores de Abdulla.

Mohandas viajaba en primera clase, como hiciera durante su estancia en Gran Bretaña. Hacia la mitad del recorrido, un hombre de raza blanca conminó al revisor por ver sentado en el compartimento que debía ocupar a un «hombre de color», como llamaban despectivamente a todos los que no fueran de raza blanca. Ante la negativa de Gandhi de trasladarse a tercera clase, fue expulsado de malos modos del tren en la estación de Maritzbourg, capital de Natal. Eran poco más de las 9 de la noche de un frío invierno. Durante las largas horas que sucedieron a la expulsión, tiritando de frío y de indignación, Mohandas tomó una importante determinación, la de combatir los prejuicios raciales que asolaban el país al que acababa de llegar.

UN ABOGADO *COOLIE*

Al día siguiente envió un largo telegrama al director general de los ferrocarriles de Natal, exponiendo su queja y el injusto trato recibido.

Tras el suceso del tren se interesó por las condiciones de vida de los indios y descubrió una realidad llena de desigualdades y prejuicios raciales. Por ello, convocó en Pretoria a todos los habitantes hindués, pronunciando su primer discurso, y reivindicó públicamente su derecho a ser tratados como miembros plenos del Imperio de Su Majestad.

En su primera aparición pública y con ánimo conciliador pidió a sus compatriotas que se esforzaran y aprendieran la lengua inglesa, y que olvidasen sus rivalidades. Gandhi se ofreció para enseñar gramática inglesa a un tendero, un peluquero y un estudiante.

Poco tiempo después obtuvo su primer éxito al conseguir que las autoridades ferroviarias admitieran que los hindués vestidos «correctamente» tuvieran derecho a viajar en primera o segunda clase.

PRIMER ÉXITO COMO ABOGADO

Simultáneamente a su inicial lucha por conseguir el mismo trato para los ciudadanos hindúes que para los del resto del Imperio, Gandhi continuó con el deber que le había llevado a aquel país, tan lejos de su casa y de su familia.

Tras arduas negociaciones y después de haber aprendido contabilidad con el fin de entender a fondo el caso de su cliente, logró un compromiso de la empresa deudora de Daba Abdulla & Co, conforme las 40.000 libras causa del litigio (una suma cuantiosa para la época) serían abonadas a largo plazo, evitando de esta manera la bancarrota de la firma acreedora y la intervención de los tribunales. De este modo, consiguió también que no se hiciera efectivo el código de honor vigente entre los hindúes residentes en el otro extremo del mundo, de dar muerte al deudor.

Gandhi se refirió así a la experiencia que supuso su debut como abogado: «Comprendí que la auténtica función de un abogado consistía en conciliar posiciones enfrentadas y en unir a las partes en desacuerdo». Y escribió en su autobiografía: «El símbolo de los tribunales de justicia es una balanza en perfecto equilibrio, sostenida por una mujer imparcial, vendada pero sagaz. La mujer lleva los ojos vendados, deliberadamente, a fin de que no pueda juzgar a una persona por su exterior, sino por sus valores intrínsecos».

Sin proponérselo, empezaba a aplicar las mismas coordenadas morales que harían de él el apóstol de la no violencia y el profeta de la paz: «Una idea echó profundas raíces en todo mi ser: el convencimiento de que la ética era el fundamento de las cosas, y la verdad, la esencia de toda moralidad».

EL REGRESO A LA INDIA SE APLAZA

Tras el acuerdo favorable y al finalizar el año del contrato inicial, Sheth Abdulla organizó una fiesta para despedir al joven abogado hindú que había defendido con éxito la causa de su empresa y que, además, había restituido algunos derechos sociales a la comunidad hindú con independencia de su religión. Pero el destino tenía previsto un rumbo diferente para la vida de Mohandas Gandhi. Un invitado a la fiesta le mostró un periódico del día donde se anunciaba la intención de la Asamblea Legislativa de Natal de aprobar una ley para privar a los hindúes del derecho al voto y a elegir a los miembros del cuerpo legislativo.

Los miembros más representativos de esa floreciente colonia pidieron a Gandhi que aplazara un mes su partida y que luchara por ese recorte en sus ya precarios derechos sociales.

Todos admiraban su forma de actuar y sus justos deseos de conseguir que los hindúes fueran tratados como personas de plenos derechos. No sería ésta la última vez que le pedirían que no se marchase. Gandhi no tuvo que pensárselo demasiado. Aceptó la propuesta y decidió alargar su estancia dos meses más, emprendiendo una nueva batalla para vencer la injusticia.

CONTRA UNA LEY INJUSTA

En esa nueva andadura propuso la necesidad de constituir una organización permanente en la que aglutinar todos los asuntos de orden público referidos a la defensa de los derechos y la igualdad de los hindúes.

El 22 de mayo de 1894 quedó fundado el Congreso Hindú de Natal, y Gandhi fue nombrado secretario. Para esa entidad eligió el mismo nombre del partido que en su país natal, y se dedicó a luchar para conquistar una serie de derechos administrativos frente a los colonizadores ingleses.

En junio, y en sólo quince días, envió al gobierno una petición en favor del derecho de los hindúes al voto, acompañado de diez mil firmas, y publicó dos manifiestos con el fin de informar a la opinión pública. A pesar de todos los esfuerzos realizados, la ley fue aprobada. Pero significaba sólo un eslabón de la larga cadena de derechos que los hindúes de África del Sur todavía tenían por conquistar. En esta primera batalla legal, Gandhi estaba aprendiendo y poniendo en práctica las bases de la lucha en la que se iba a convertir su vida. Eran los primeros pasos de un camino que no abandonaría y que le convertiría en el defensor de los derechos de los marginados. Al darse cuenta de que, inevitablemente, su estancia iba a alargarse más de lo previsto, Mohandas Gandhi decidió inscribirse en el Colegio de Abogados de Natal. La junta directiva intentó oponerse a la admisión de un abogado «de color», pero los tribunales dieron la razón a Gandhi.

CON LOS TRABAJADORES HINDÚES

Los dos meses se transformaron en dos años, y en ese período Mohandas Gandhi se convirtió en un floreciente abogado y en el defensor de los derechos de la comunidad hindú.

Además de las disputas sobre la desigualdad de los ciudadanos hindúes ante la ley, conoció a fondo el auténtico mundo de los trabajadores contratados en las plantaciones de azúcar. Por su fama de abogado justo, un día recibió en su casa la inesperada visita de Balasundaram. Ligeramente magullado, con dos dientes rotos y la boca sangrando, Balasundaram le explicó que su amo, un europeo muy importante, le había golpeado furiosamente.

Gandhi, que hasta el momento conocía superficialmente el mundo de los trabajadores contratados recabó información para intentar solucionar el problema. En primer lugar logró que un médico extendiera un certificado explicando el origen de las heridas. Y con este documento presentó una demanda contra el patrón de Balasundaram. Sabedor de la inmensa desigualdad existente en las leyes laborales, Gandhi no solicitó un castigo para el culpable, sino que pidió que éste rescindiese el contrato a Balasundaram, y lo transfiriera a otro patrono, ya que las cláusulas contractuales determinaban que si un hindú abandonaba su trabajo, podía ser juzgado en juicio criminal y expulsado del país. El eco de este caso, un abogado hindú defendiendo los derechos de un contratado en régimen de semiesclavitud, llegó hasta Madrás (India). El nombre de Gandhi empezaba a traspasar las frontera de África del Sur.

LEGALIZANDO LA DESIGUALDAD

Ese mismo año, el gobierno sudafricano, que meses antes había aprobado una ley en la que prohibía votar a los hindúes, creó una nueva provocación: los trabajadores contratados que deseasen establecerse en África del Sur, deberían pagar 25 libras anuales (el equivalente a siete años de salario). En caso de negarse, serían deportados de nuevo a la India y sus contratos laborales, rescindidos. El Congreso de Natal, con Gandhi al frente, elevó una queja directamente al virrey de la India y éste rebajó la cantidad de 25 libras a 3 (el equivalente al salario de seis meses). El Congreso solicitó al virrey la derogación del impuesto injusto pero el representante de la reina de Gran Bretaña aceptó la rebaja: «Fue un abuso de confianza por parte del gobierno de la India que, como encargado del bienestar del país, jamás hubiera debido aceptar la implantación de tan inhumano impuesto», recordó Gandhi en sus memorias. «Sin embargo, transcurrieron veinte años antes de que se consiguiera la abolición del impuesto, y en el camino, muchas vidas de trabajadores y la privación de libertad de otros diez mil hindúes».

EN BUSCA DE SU FAMILIA

Ante esta nueva manifestación de injusticia social, y como quiera que Gandhi vivía día a día con mayor ímpetu y deseos de lucha, decidió quedarse definitivamente en Suráfrica y convertirse en el paladín de la comunidad hindú.

Llevaba ya tres años en Natal, dos más de lo previsto. Por ello, en 1896, decidió viajar seis meses a la India para preparar el viaje de su mujer e hijos y traerlos consigo al país que se había convertido en su patria.

Durante el largo viaje en barco, de casi un mes de duración, aprovechó el tiempo y escribió un pequeño libro para llamar la atención sobre la injusticia y las desigualdades en que vivían los hindúes de Suráfrica. El impuesto anual de las tres libras le dolía profundamente. Editó diez mil ejemplares y lo distribuyó entre los periódicos y entre los dirigentes políticos. En pocas semanas fue conocido como el «libro verde» por el color de sus tapas, causando un gran revuelo entre la opinión pública y la prensa. Gandhi quería que el partido del Congreso de su país conociese esa otra realidad, la de los hindúes que vivían lejos de la tierra de sus antepasados.

EPIDEMIA DE PESTE

Cuando desembarcó en el puerto de Bombay, a mediados de 1896, le esperaba una desagradable sorpresa: una epidemia de peste asolaba la zona. Sin perder tiempo, se trasladó hasta Rajkot, donde vivía su familia, y ofreció sus servicios al departamento de sanidad, inspeccionando las letrinas y ayudando a establecer nuevas medidas higiénicas y sanitarias.

Finalizado su trabajo social, se entrevistó con algunos líderes políticos y viajó de nuevo a Bombay, donde pronunció un discurso sobre la situación de los hindúes en África del Sur. De Bombay se trasladó a Poona con la misma finalidad y, por último, a Madrás y Calcuta: «No hubo amigo al que no visitara en demanda de ayuda para los problemas de Suráfrica», explicó Gandhi en sus memorias.

Pero un telegrama procedente de Suráfrica, anunciándole nuevas medidas discriminatorias para los hindúes, le obligó a dar por finalizada su estancia en la India y, en diciembre de ese mismo año, regresó a Natal en compañía de Kasturbai, de sus hijos –Halilal, de nueve años y Manilal, de cinco– y de un sobrino de diez años, Mangalal, hijo único de su hermana viuda y al que crió como si fuera suyo.

UN ACCIDENTADO VIAJE

Durante el viaje de regreso, Mohandas aprovechó para enseñar a su familia los modales y las costumbres de la que iba a ser su nueva patria. Decidió que Kasturbai vistiese sari, y sus hijos y sobrino, los pantalones y casacas típicos de los parsis: «En aquella época yo creía que para parecer más civilizados, nuestros modales y maneras de vestir debían aproximarse a los europeos. Pensaba que solamente así podríamos tener cierta influencia, y sin influencia no era posible servir a la comunidad». Al llegar a Durban, el barco en que viajaban fue obligado a guardar cuarentena a causa de la epidemia de peste que asolaba la India. Las autoridades sanitarias impusieron un plazo de cinco días antes de que los pasajeros pudieran desembarcar.

LOS BLANCOS SE OPONEN A SU REGRESO

Pero simultáneamente, en Durban, los ciudadanos de raza blanca, que habían tenido noticias sobre la campaña en pro de los derechos de los hindúes en África del Sur, y que Gandhi había dado a conocer durante su estancia en la India, ejercieron todo tipo de presiones para obligar al gobierno a negar la entrada a ese notorio «abogado *coolie*» que tanto interés tenía en favorecer a sus compatriotas. Alegaron, entre otras razones, que Gandhi quería llenar el país de hindúes y que les había atacado duramente mientras estuvo en la India. De hecho, el verdadero objetivo de la cuarentena era el de forzar a los pasajeros a regresar a la India por medio de la intimidación y las amenazas.

Cuando se levantó la cuarentena del barco y pudieron arribar a puerto, una multitud enfurecida de europeos intentó lincharle, por lo que la policía tuvo que custodiarle durante tres días, mientras trasladaban a su mujer e hijos a la casa familiar.

Por vez primera, Gandhi hizo gala de su generoso corazón cuando se negó a querellarse contra los agresores, que le habían causado diversas magulladuras: «No quiero que se procese a nadie. Se les hizo creer que yo había formulado en la India afirmaciones exageradas sobre los blancos de Natal, calumniándolos. Si creyeron tal afirmación no es de extrañar que se enfurecieran. Estoy seguro de que cuando se conozca la verdad, quienes me agredieron lamentarán su conducta». Los periódicos, enterados de la noble acción del abogado *coolie*, proclamaron su inocencia, incrementándose así su creciente prestigio.

PROFESOR DE SUS HIJOS

Decidido a no otorgar ningún derecho más a los hindúes, el parlamento de Natal presentó dos nuevos proyectos de ley: uno en contra del comercio y otro que intentaba restringir la inmigración hindú. En el primer caso, el proyecto fue anulado porque se alegó que no podía votarse ninguna ley que estableciera distinciones de color o raza: «Las tareas para el bien público comenzaron a absorberme la mayor parte del tiempo», escribió Gandhi rememorando aquella época. En 1897, Kasturbai dio a luz a su tercer hijo varón, Ramdas, y aquel mismo año Gandhi decidió enviar a su primogénito y a su sobrino a estudiar a la India, aunque a los pocos meses regresaron. Consciente de que la educación que iban a recibir en Natal no era la que él consideraba adecuada, Gandhi se convirtió en el maestro de los niños. Pero el ejercicio de su profesión y los servicios que prestaba en defensa de los derechos de los hindúes apenas le dejaban tiempo libre: «Esa experiencia resultó inadecuada. Yo no podía dedicar a mis hijos todo el tiempo que hubiera querido. La imposibilidad de prestarles la atención necesaria y otras causas inevitables me impidieron proporcionarles la amplia educación que deseaba, y todos mis hijos se han quejado de mí en lo que respecta a este asunto».

CAMILLERO VOLUNTARIO EN LA GUERRA DE LOS BÓERS

En 1899 estalló en África del Sur la segunda guerra de los bóers contra los británicos. Gandhi, que simpatizaba con los motivos que habían llevado a la guerra a los bóers, se mantuvo como un leal defensor de sus oponentes, los británicos. Se trataba de una contradicción en la que predominaba la lealtad debida: «Pensaba que si exigía mis derechos como ciudadano británico también, como tal, tenía el deber de participar en la defensa del Imperio británico. Para entonces creía que la India podría lograr su completa emancipación sólo dentro y a través del Imperio británico».

Por ello, y consecuente con sus principios, Mohandas Gandhi se ofreció al ejército británico como camillero voluntario y sugirió a sus compatriotas que hicieran lo mismo. Junto a otros mil cien hindúes formó el Indian Ambulance Corps, bajo la protección de la Cruz Roja. Su misión consistía en recoger y hacerse cargo de los heridos del campo de batalla: «Teníamos que andar de treinta a cuarenta kilómetros por día, llevando en parihuelas a los heridos».

CONDECORADO CON LA MEDALLA DE LA GUERRA

A las seis semanas de la creación de este cuerpo especial, finalizó la guerra, y el British Medical Corps, en agradecimiento a sus servicios, le concedió una medalla al mérito militar. No sería ésta la única medalla por méritos de guerra que conseguiría a lo largo de su vida.

Ese mismo año, una terrible hambruna sacudió de norte a sur su país natal. Gandhi se sintió en la obligación de concienciar a los hindúes económicamente bien situados y residentes en Natal, de la necesidad de ayudar y contribuir a paliar las dificultades de sus compatriotas. Y consiguió que tanto los hindúes, incluidos los trabajadores contratados, con pequeñas aportaciones, como los ingleses donasen dinero que se invirtió en la compra de alimentos para enviar a la India.

Además de luchar por los derechos de los ciudadanos hindúes, Gandhi empezó a aplicar las máximas de la solidaridad y a implicarse en los problemas sociales que le rodeaban, aunque éstos estuviesen a miles de kilómetros. Estas dos cualidades que ya se perfilaban en su carácter y modo de concebir la vida se desarrollarían con el paso de los años, hasta adquirir las dimensiones por las que sería conocido en el mundo entero.

PARTERO A LA FUERZA

Faltaban aún algunos años para que Gandhi se convirtiera en el Mahatma vestido con un simple paño blanco recogido en la cadera. Por entonces, era un elegante y brillante abogado de 31 años, cuyos ingresos anuales superaban las 5.000 libras esterlinas (cantidad muy importante para la época), y que vivía en compañía de su mujer e hijos en una moderna villa enclavada en el barrio más elegante de la ciudad. Su imagen era la de un hindú occidentalizado.

Interesado por todo tipo de temas, continuaba con sus experimentos dietéticos (comía sólo frutos secos, tras haber eliminado las hortalizas), y con todas las cuestiones relacionadas con la salud y la higiene. Gracias a ese interés y a sus conocimientos, Mohandas ayudó a su mujer en el parto de su último hijo, Devdas (nacido en Natal en 1901). Sin nervios y con el manual *Consejos a una madre*, cumplió a la perfección con el papel de médico y comadrona, los dos profesionales que no llegaron a tiempo.

JOYAS EN AGRADECIMIENTO A SUS SERVICIOS

Ante la llamada de los dirigentes del Congreso de la India para que colaborara con ellos, Gandhi decidió en 1901 que su trabajo en África del Sur había llegado a su fin.

Dejaba en Natal algunos discípulos que conocían como él los pasos que había que seguir ante cualquier reclamación oficial. Tras varias reuniones, y con la condición de que regresaría si se lo pedían, Mohandas Gandhi, Kasturbai y sus hijos –Halilal, Manilal, Ramdas y Devdas– prepararon el viaje de regreso a la India con el ánimo de instalarse definitivamente en su país.

En la fiesta de despedida Gandhi fue obsequiado con diversos regalos, en su mayoría joyas de oro, plata y piedras preciosas.

Fiel a sus principios, los regalos de agradecimiento se convirtieron en un problema que debía solucionar: «Me resultaba difícil rechazar regalos de tanto valor, pero más difícil aún me resultaba retenerlos». Tras meditar, llegó a la conclusión de que lo más acertado era crear un fondo con todas las joyas y dejarlo a favor de la comunidad. Pero se encontró con la oposición de su esposa, partidaria de guardar las joyas para el futuro de sus hijos. Especialmente, quería conservar un magnífico collar de brillantes que un cliente había ofrecido a la esposa de su abogado: «¿Qué derecho tienes a devolver mi collar?», preguntó a su esposo. Y éste le respondió: «Ese collar te lo han regalado por los servicios que yo presté y no por los tuyos».

Mohandas Gandhi obligó a su mujer a dejar el collar junto con las otras alhajas: «Se creó con las joyas un fondo a favor de la comunidad y se designó a varias personas como fideicomisarias. Jamás lamenté esa decisión y, con el correr de los años, mi esposa también comprendió lo prudente de la medida. Porque tengo la opinión inquebrantable de que quienes se dedican al servicio de la sociedad no deben aceptar donaciones valiosas».

DE NUEVO EN LA INDIA

Mientras iniciaba los preparativos del traslado, moría en Londres la reina Victoria, emperatriz de la India. Gandhi envió un telegrama en nombre de los hindúes de Suráfrica y presidió una procesión de duelo por las calles de Durban. Su espíritu británico y su lealtad al Imperio seguían intactos. Tendrían que transcurrir algunos años, más de veinte, para que la lealtad se convirtiera en deseos de libertad.

Finalmente, a mediados de 1901, Gandhi y su familia llegaron a Bombay. Durante algunos meses viajó por el interior del país, conociendo a relevantes personalidades que empezaban a pensar en la independencia de la India. Participó como ponente en una de las asambleas del partido del Congreso Indio en Calcuta.

Antes de establecer su residencia definitiva, Gandhi había decidido recorrer toda la India viajando en los trenes de tercera clase con el fin de conocer los problemas de los más humildes. Tras varias semanas de recorrido por el norte del país, decidió establecerse primero en Rajkot y luego en Bombay.

MANILAL, GRAVEMENTE ENFERMO

Fue en Bombay donde Gandhi pudo practicar sus propias ideas sobre la curación de enfermedades y sobre las dietas que cabía seguir. Su hijo Manilal enfermó de unas graves fiebres tifoideas. Contra la opinión de su mujer y la del médico –que había recomendado una dieta a base de caldo de pollo y huevos–, Gandhi decidió seguir sus propios conocimientos y administró a su hijo baños de asiento muy calientes y zumo de naranja con agua. Manilal se restableció poco a poco, y eso hizo que Gandhi se interesase más todavía en las prácticas de la medicina natural y de la hidroterapia, convirtiéndose en un auténtico defensor de éstas. No había mejor medicina, en su opinión, que colocarse una cataplasma de tierra sobre el vientre para curar el estreñimiento, o bien aplicarse una lavativa de azúcar.

Sin embargo, su obstinación y su fe ciega en la curación mediante métodos naturales no le sirvieron en dos ocasiones. Cuando él mismo tuvo que ser operado de apendicitis durante su estancia en una cárcel hindú y cuando se negó a que administrasen penicilina a su mujer, gravemente enferma de una neumonía que le causaría la muerte.

SUDÁFRICA RECLAMA SU PRESENCIA

Cuando parecía definitivamente instalado en Bombay, recibió un telegrama de Natal reclamándole su presencia. El motivo era la próxima visita de Joseph Chamberlain, secretario de estado de las colonias del Imperio.

Cumpliendo su promesa, Gandhi regresó, dejando en Bombay a Kasturbai y a sus hijos, al pensar que su estancia en Durban no se alargaría más de un año: «La separación de mi esposa y mis hijos, el abandonar mi lugar de residencia y partir de lo seguro a lo incierto, me resultó doloroso». En los últimos años, la vida de Gandhi había estado marcada por los continuos viajes, largos e incómodos. A su regreso, Gandhi asumió de nuevo la defensa de las reivindicaciones hindúes ante el representante legal del Imperio. Y en lugar de establecerse en Pretoria (Natal), se instaló en Johannesburgo, capital del Transvaal, inscribiéndose como abogado en el Tribunal Supremo. Allí se dedicó a combatir una ley injusta que desposeía a los hindúes más pobres de sus tierras y de sus casas para obligarlos a regresar a su país. Gandhi ganó todos los casos, y el gobierno tuvo que trasladar a los expropiados a otro barrio. A partir de entonces, Mohandas Karamchand Gandhi fue conocido como Bhai, es decir, hermano.

UNA EPIDEMIA DE PESTE NEGRA

Su trabajo en los tribunales le dejaba tiempo suficiente para intentar paliar los desastres que ocurrían a su alrededor. A través de unos trabajadores supo que en un insalubre barrio, habitado en su mayoría por mineros negros, se había declarado un brote de peste neumónica, conocida también como peste negra, una de las variantes más graves de esta enfermedad endémica. Ante la pasividad de las autoridades locales, que no hacían nada por remediarlo, Gandhi y sus colaboradores se trasladaron al barrio afectado, y durante varios días atendieron incansablemente a los enfermos.

Los médicos de la ciudad agradecieron al polifacético abogado hindú su interés y su valiosa ayuda, creando poco después un hospital de emergencia que funcionó bajo su dirección. Cuando la epidemia estuvo bajo control, Mohandas Gandhi culpó públicamente a las autoridades por las condiciones infrahumanas que existían en los barrios marginales de Johannesburgo.

EL DESPERTAR DEL ESPÍRITU

Desde sus años en Londres, Gandhi seguía profundizando en sus lecturas sobre la religión. Acabó por saberse de memoria el *Bhagavad Gita*, que se convertiría «en un diccionario de uso cotidiano y en una norma infalible de conductas. En él hallaba la solución a todos mis problemas».

Posteriormente, ya en la India, comentó: «Cuando me asaltan las dudas, cuando me afligen los desengaños y no veo un rayo de luz en el horizonte, me vuelvo hacia el Bhagavad Gita y encuentro un versículo que me consuela, e inmediatamente comienzo a sonreír en medio de una pena abrumadora».

Pero fue durante un viaje en tren de Johannesburgo a Durban, donde leería un libro que le regaló un periodista británico, Henry S. L. Polak (al que Gandhi consideraba un auténtico hermano de sangre), que ejerció una gran influencia en él, y que le impulsaría a dar un giro radical a su vida. Se trataba de *Unto this last*, del filósofo británico John Ruskin.

Escritor y profesor de universidad, Ruskin propugnaba el trabajo manual y el regreso a la vida sencilla y creía firmemente que la riqueza no era más que un arma para engendrar esclavitud. Era partidario de una economía fundamentada en la ética y consideraba que el trabajo debía ser valorado como obligación moral y no como una mercancía: «No podía dejar de leerlo. El viaje de Johannesburgo a Durban duraba 24 horas. No pude dormir. Esa misma noche decidí cambiar mi vida de acuerdo con las ideas de ese libro», escribiría Gandhi.

CAMBIO RADICAL DE VIDA

A partir de la lectura del libro de Ruskin, Gandhi, un próspero y floreciente abogado, decidió iniciar un cambio importante en su vida. Tan sólo unos meses antes había fundado un semanario, el *Indian Opinion*, en el que también colaboraba en su financiación. Escrito en cuatro idiomas –inglés, gujaratí, tamil e hindi– para poder llegar a todos los habitantes, esta publicación, que poco después se transformó en un periódico, sirvió de tribuna para exponer sus quejas a las autoridades, sus opiniones sobre temas sociales o la reclamación de derechos para los marginados.

Durante casi diez años, desde 1904 hasta 1914, pocos fueron los días que Gandhi faltó a su cita con los lectores. Su primer cambio consistió en trasladar las oficinas del semanario a una granja, según el ideal del escritor británico. El lugar elegido fue Phoenix, una finca de 50 hectáreas enclavada en un lugar salvaje y aislado, lleno de serpientes y situado a 20 kilómetros de Durban, en plena región zulú. Pagó por ella 1.000 libras.

ESPERANDO A SU FAMILIA

«Mi verdadera idea había sido la de retirarme gradualmente de mis actividades públicas y establecerme en Phoenix, ganar mi subsistencia mediante el trabajo manual y encontrar la alegría de ser útil en aquel lugar de trabajo».

Poco después se trasladó allí a vivir junto a sus más íntimos colaboradores, aunque manteniendo también su casa de Johannesburgo. Pero sus deseos no se convirtieron en realidad, ya que en Phoenix sólo pudo permanecer breves períodos. Con la ayuda de diversos carpinteros y albañiles construyó el primer edificio de lo que luego se convertiría en el *ashram*, un sencillo taller para la imprenta a fin de poder centralizar en Phoenix la edición del semanario.

Consciente de que su estancia en África del Sur se alargaba –el año de ausencia prometido a su esposa se había convertido en tres–, Gandhi telegrafió a Kasturbai para que viajara a Durban. Halilal, el mayor de sus hijos, que contaba 16 años, decidió quedarse estudiando en la India.

CASA DE ORACIÓN Y MEDITACIÓN

En Phoenix, y basándose en los ideales de Ruskin, Gandhi fundó su primer *ashram*, «vida colectiva y casa de oración», una comunidad destinada al culto religioso, la espiritualidad, la lectura, la meditación y el diálogo y en la que el trabajo de cada uno tenía el mismo valor y los bienes eran compartidos por todos.

En su fuero interno Gandhi soñaba con una sociedad sin clases, convencido de que la desigualdad económica y social engendraba siempre conflictos. Todas las profesiones, tanto manuales como intelectuales, debían reportar los mismos frutos, porque tan importante era el trabajo de un médico como el de un campesino.

Gandhi cedió tres acres de tierra y una cabaña a quienes quisieron trasladarse al *ashram*. Con el tiempo, Phoenix se convirtió en una pequeña aldea en la que llegarían a vivir seis familias.

«LOS QUE QUIERAN SEGUIRME...»

En un *ashram*, cada persona debía ocuparse de sí mismo: cortarse el pelo, lavarse la ropa, limpiar las letrinas, moler la harina. Tenían la obligación de autoabastecerse y producir los alimentos que consumían, así como los objetos de primera necesidad, como ropa o calzado: «Los que quieran seguirme deben estar dispuestos a dormir en el suelo, a vestir ropas rudimentarias, a levantarse antes del amanecer, a vivir con un alimento frugal y a limpiarse ellos mismos sus retretes».

Las reglas de vida eran prácticamente monacales. Siguiendo el decreto de Gandhi, hombres y mujeres se repartían por igual las tareas domésticas.

Pero esa elección de vida no le impidió seguir con la defensa de sus opiniones y de los derechos de los hindúes. En 1905 escribió en *Indian Opinion*: «Es imposible suprimir para siempre las aspiraciones nacionalistas, e igualmente imposible que la India siga siendo una «dependencia» de un imperio del que constituye más de la mitad de la población. No existe ningún pueblo que no se considere más feliz con su propio mal gobierno que con el buen gobierno de una potencia extranjera».

LA REBELIÓN ZULÚ

Gandhi tuvo que repartir su tiempo entre el *ashram* y su despacho en Johannesburgo, donde seguía atendiendo algunos casos particulares y otros de origen social, en bien de la comunidad.

Su permanencia en Phoenix se interrumpió con la rebelión de los zulúes. De nuevo, y pese a que «en todo momento mi corazón estaba con los zulúes», Gandhi ofreció sus servicios al gobierno de Natal, proponiendo crear un Cuerpo de Ambulancias, en el que ingresó con el rango de sargento mayor. De esa forma y por segunda vez, Mohandas Gandhi, el mismo que un día se opondría al poder de los ingleses, dio de nuevo su apoyo al gobierno británico en un conflicto de intereses que no compartía.

Cuando a finales del siglo XIX Gandhi llegó África del Sur, donde ejerció la abogacía, comenzó su más profunda reflexión en torno a la desigualdad social y a los conflictos étnicos, propiciados por una heterogénea población de bóers, británicos y colonos de otras procedencias que se disputaban los territorios de unos nativos azotados por la indigencia.

Tal y como explicó él mismo en su autobiografía, esa contradicción que le llevaba a apoyar de corazón una causa y defender con su trabajo la opuesta, se materializó con la ayuda que pudo prestar a los heridos zulúes: «El médico del campamento estaba desesperado pues los soldados blancos no querían atender a los zulúes heridos y las heridas empezaban a infectarse».

Pocas semanas después, la revuelta fue sofocada y Gandhi regresó a Johannesburgo.

GANDHI, LUCHADOR NO VIOLENTO

LA FUERZA DE LA VERDAD

En 1906, unos meses después de la revuelta zulú, el gobierno de Transvaal publicó un proyecto de ley (llamado «Ley negra») en el que obligaba a todos los hindúes mayores de ocho años a inscribirse ante las autoridades y a llevar siempre consigo una tarjeta de identidad con las huellas dactilares. En caso de negarse, serían castigados con severas multas o, incluso, con la deportación.

El 11 de septiembre de ese mismo año, Gandhi, en respuesta a la provocación que suponía la «Ley negra», convocó una reunión en el Teatro Imperial de Johannesburgo, a la que asistieron más de tres mil enfurecidos compatriotas suyos: «Cada uno debe saber lo que tiene en el corazón. Si una voz interior le dice que tiene la fuerza necesaria, solamente entonces se comprometerá y en ese momento ese compromiso dará sus frutos.... Quisiera daros un bosquejo de lo peor que podría pasarnos en esta lucha... Puede ocurrir que seamos encarcelados, insultados, que pasemos hambre y frío. Tal vez nos hagan trabajar duramente, quizá seamos azotados por guardias brutales. Es posible igualmente que tengamos que pagar grandes multas y que nuestros bienes sean confiscados y subastados si sobrevivieran pocos resistentes».

El encendido discurso dio sus resultados. Porque allí, y por primera vez, propuso una nueva forma de lucha, la de la resistencia pasiva, a la que él llamó *satyagraha*, esto es, la fuerza de la verdad. La explicación del concepto se basaba en un hecho simple: el agresor se justifica a sí mismo si el agredido lucha. Pero si éste no se opone, el agresor se siente denigrado.

En su discurso, presenciado por las autoridades del país, afirmó: «No veo más que una sola posibilidad: resistir hasta la muerte antes que someterse a esta discriminación».

Por primera vez, un hombre de apariencia frágil consiguió arrastrar a toda una comunidad a resistirse públicamente pero sin violencia. Sin saberlo, era el preludio de su futuro, por el que la historia le ha reservado un lugar de honor.

EL CONCEPTO DE NO VIOLENCIA

Gandhi explica así el concepto de esta nueva forma de lucha: «Es la vindicación de la verdad infligiéndose sufrimientos a uno mismo y no al oponente. El oponente ha de ser sacado del error mediante la paciencia y la simpatía».

Así es como definió el profeta de la no violencia la fuerza de la verdad.

Porque su concepto de no violencia estaba muy influido por el jainismo, una de las religiones dominantes en Gujarat, su estado natal. Los jainitas pertenecían a una secta pequeña pero antigua, similar al budismo, que data aproximadamente del siglo VI a. C. Su doctrina principal se basaba en la práctica de la no violencia, hasta el punto de que muchos de sus monjes llevaban mascarillas que les tapaban la boca y la nariz para que al respirar no pudieran dañar a ningún insecto por minúsculo que fuera. También era frecuente verlos barrer la arena por donde iban a pasar, para evitar pisar una hormiga. La vida de todos los seres, animales o vegetales, les merecían el máximo respeto.

RESISTENCIA PASIVA

Para apoyar la campaña de resistencia pasiva, organizó un boicot y pidió a los hindúes que quemasen sus cédulas de identificación y se negasen a dar sus huellas dactilares. Esta campaña le valió la primera de sus numerosas estancias en la cárcel.

Fue en enero de 1908, año y medio después de haber empezado la resistencia pasiva, cuando un magistrado de Johannesburgo condenó a Gandhi y a 154 colaboradores del movimiento de resistencia a dos meses de prisión. Quince días después, más de 2.500 hindúes habían sido detenidos y acompañaban a Gandhi en la cárcel: «La mayor suerte que puede tener una persona es la de ser encarcelada por preocuparse del bienestar de su propio país y de su religión», afirmó entonces. Y fue en la prisión donde leyó otro libro, *El deber de la desobediencia civil*, escrito por el estadounidense Henry Thoreau, que marcaría una profunda influencia en su pensamiento y en su filosofía.

Thoreau afirmaba que un individuo tiene derecho a no cumplir leyes arbitrarias y negar su sumisión a un régimen cuya tiranía es insoportable: «Tener razón es más honorable que ser respetuoso con las leyes». Al igual que Ruskin, consideraba que cada persona debía confeccionar con sus manos lo que precisara para su vida y tenía que alimentarse con los frutos que le ofrecía la naturaleza.

SU AMISTAD CON TOLSTÓI

Durante su primera estancia en las cárceles surafricanas, Gandhi leyó asimismo otro libro decisivo para su futuro, *El reino de Dios está en vosotros*, del escritor ruso y anarquista pacifista León Tolstói. El viejo escritor llevaba una vida sencilla y de inspiración próxima al modelo de Gandhi. Como él, creía firmemente en los hombres que actuaban en favor de la verdad y la justicia. Tolstói, de familia aristocrática, a los 57 años había decidido vivir de acuerdo con sus ideales, consagrándose a la educación de los campesinos. Defensor de la objeción de conciencia frente al ejército, rehusó el Premio Nobel y fue excomulgado por la iglesia ortodoxa rusa.

El 1 de octubre de 1909, Gandhi escribió a Tolstoi para informarle sobre el movimiento de desobediencia civil que se había iniciado en Transvaal. Su correspondencia se mantuvo hasta la muerte de Tolstói, ocurrida en 1910. En su honor, Gandhi bautizaría con el nombre de «Granja Tolstói» al segundo *ashram* que fundó en África del Sur.

RUPTURA CON EL HERMANO

Fue entonces cuando Gandhi vivió un episodio que le causó una gran tristeza: «Escribí a mi hermano Laxmidas, que había sido un padre para mí, diciéndole que le entregaba todo cuanto había ahorrado hasta ese momento, pero que en el futuro no debía esperar nada de mí, pues todo el dinero que ganase, si ganaba algo, iba a destinarlo a la ayuda de la comunidad. Mi hermano me explicó, en un lenguaje severo, las obligaciones que yo tenía para con él. Me dijo que no podía aspirar a ser más sabio que mi padre, que debía mantener a la familia. Yo le expliqué que estaba haciendo exactamente lo que hizo nuestro padre y que si ampliaba un poco el concepto «familia», mi prudente decisión le sería más clara. Sin embargo, dejó de insistir y prácticamente suspendió toda correspondencia conmigo». Gandhi no volvió a ver a su hermano, quien falleció prematuramente a causa de un enfermedad mientras él aún vivía en Suráfrica: «En su lecho de muerte me escribió una carta en extremo patética y en la que me decía que mi conducta había sido acertada. Me pedía perdón, si es que un padre puede pedir perdón a sus hijos».

VOTO DE ABSTINENCIA SEXUAL

Gandhi profundizaba cada día más en las necesidades de su espíritu y en llevar una vida más acorde con esas creencias que arraigaban en su interior.

Al igual que Thoreau, la figura de León Tolstói fue una guía para el ideario de Gandhi, que estimó la austeridad y pacifismo de sus propuestas, que no soslayaban, sin embargo, una posición radical frente a la injusticia y el pensamiento totalitarista. El carácter grave del escritor queda reflejado en este óleo anónimo de la escuela rusa.

Los ideales de renuncia, fomentados por el *Gita* hindú y el libro de Ruskin eran cada vez más fuertes. Todas sus creencias y sus lecturas reafirmaban en él ese tipo de vida. Y siguiendo la tradición de los seres superiores de su religión, la hindú, en 1907 hizo realidad el «Brahmacharya», el voto de castidad. Gandhi anunció a su esposa su deseo de cumplir ese voto y Kasturbai lo aceptó. Desde 1900, es decir siete años antes de hacer ese voto, Gandhi había intentado ser fiel al principio de la castidad, pero fallaba, a su juicio, porque su única finalidad entonces era la de no tener más hijos: «Fracasé en dos ocasiones porque el motivo que impulsaba mi esfuerzo no era elevado».

El Brahmacharya es un compromiso grave y definitivo. La finalidad de este voto, que Gandhi hizo a los 38 años, era la de concentrar todas las energías en los combates espirituales y en el dominio de los sentidos en pensamiento, palabra y obra. Para ello inició nuevos cambios en su dieta, renunciando a la leche (incorporada en los últimos años) y a las hortalizas, y alimentándose sólo de fruta, aceite de oliva y frutos secos. Como públicamente confesó en distintas ocasiones, nunca rompió el Brahmacharya.

EN EL *ASHRAM* «TOLSTÓI»

En 1910, Gandhi y sus cada vez más numerosos seguidores fundaron el segundo *ashram* en una finca de mil acres que le fue donada por el arquitecto Hermann Kallenbach, acaudalado hombre de negocios de origen judío-alemán que se convirtió en uno de sus mejores amigos.

En la Granja Tolstói, todos los miembros reducían al mínimo las exigencias de alimentación y vestuario y se practicaba estrictamente el principio de que todo cuanto uno no puede realizar con sus manos es superfluo: «Todos los trabajos, desde cocinar hasta recoger la basura, eran realizados por los habitantes del *ashram*», siendo éste uno de los preceptos fundamentales de la vida en comunidad.

Gandhi, además de aprender toda clase de oficios manuales (como cortar el pelo, confeccionar y arreglar zapatos, construir muebles, planchar la ropa, etc.) para luego poder enseñarlos a los más jóvenes, daba clases a los niños del *ashram*, incluidos sus propios hijos. Fue profesor de tamil y urdu, el idioma de los musulmanes.

CONTRA LA ILEGALIDAD DE LOS MATRIMONIOS NO CRISTIANOS

En 1913, Gandhi abandonó temporalmente la Granja Tolstoi –en la que un año antes había hecho el voto solemne de renuncia a toda propiedad privada– para iniciar la defensa contra una nueva ley que intentaba vulnerar los derechos de los hindúes y de los habitantes nativos.

El Tribunal Supremo, bajo el mando del ministro y general Jan Smuts, decretó que únicamente eran legales los matrimonios contraídos bajo la religión cristiana. De un plumazo, los matrimonios hindúes, musulmanes y parsis quedaban invalidados. Ese pronunciamiento consiguió nuevos aliados para la causa de la desobediencia civil. Todas las mujeres de dichas religiones se unieron, por primera vez, para combatir una ley por la que dejaban de ser esposas para convertirse en concubinas. Además, en un nuevo intento de recortar los derechos de las poblaciones mayoritarias de raza no blanca, el gobierno había aprobado la exigencia de un pase especial para cruzar la frontera del Transvaal.

LA FRONTERA PROHIBIDA

El clima reinante en la Unión Surafricana, que quedó constituida en 1910 con la federación de los estados de Natal, Orange, Colonia del Cabo y Transvaal, era de gran tensión. Los trabajadores hindúes de la industria y de las minas organizaron una huelga que costó varios centenares de muertos y miles de encarcelados, a causa de la extrema dureza del gobierno para los huelguistas.

Convencido de la fuerza de la Verdad, Mohandas Gandhi convocó una marcha de los mineros hacia la frontera prohibida del Transvaal. El 13 de octubre de 1913, con los pies descalzos y exiguas raciones de comida (tan solo un poco de pan y azúcar que le proporcionó un panadero europeo) partió de Newcastle y el 6 de noviembre llegó a la frontera al frente de 2.037 hombres, 127 mujeres y 56 niños, emprendiendo una marcha no violenta hacia la frontera prohibida, con la decidida intención de cruzarla y transgredir la prohibición. A partir de ese momento, todo se aceleró. Más de cincuenta mil hindúes continuaron la huelga, sin oponer resistencia ante la policía, y otros tantos miles abarrotaron las prisiones surafricanas.

EL TRIUNFO DE LA DESOBEDIENCIA

En el camino hacia la frontera, Gandhi fue detenido en diversas ocasiones y puesto en libertad a las pocas horas. Pero finalmente fue encarcelado. Al igual que todos sus compañeros de la marcha hacia el Transvaal, se declaró culpable ante los jueces. Ninguno de los participantes en ese inaudito viaje de hombres, mujeres y niños descalzos, según la particular filosofía del pacífico abogado, debía escapar al castigo de la prisión. Durante su estancia en la cárcel, Gandhi contó con una colaboradora de excepción, su secretaria Miss Schlesin, que se la encargó de dirigir el movimiento desde las páginas del *Indian Opinion*. Por orden directa del gobierno de Londres, que quería evitar la publicidad negativa que pudiera derivar de los acontecimientos y a requerimiento del general Smuts (el instigador de la ley sobre la ilegalidad de los matrimonios no cristianos), Gandhi fue puesto en libertad. Unas semanas más tarde, el gobierno surafricano rectificó: los matrimonios no cristianos también eran legales y no se exigiría ningún pase especial para cruzar la frontera. Mohandas Gandhi llamó a este decreto «La Carta Magna de los hindúes de Suráfrica» o el pacto «Gandhi-Smuts».

EN LA CUNA DEL IMPERIO

A requerimiento de Gopal Krishna Gokhale, el gurú político de Gandhi y fundador de la Sociedad de los Servidores de la India, a quien había conocido algunos años antes en Bombay, Gandhi emprendió, en compañía de Kasturbai, el viaje de vuelta a la India, pero pasando antes por Gran Bretaña.

Con el acuerdo de la «Carta Magna», Gandhi daba por finalizada su vida en Suráfrica. Antes de irse, Mohandas regaló a Smuts unas sandalias que había confeccionado durante su estancia en la prisión. El general, que años después fue nombrado primer ministro de la Unión Surafricana, las llevó durante años hasta que en 1939 se las devolvió a Gandhi en un gesto de amistad, acompañadas de una nota que decía: «He usado estas sandalias durante muchos años, aunque no me considero digno de llevar los zapatos de un hombre tan grande».

Jan Smuts, el mismo hombre que encarceló varias veces a Gandhi, rindió años más tarde y aún en vida del profeta un sincero homenaje a su más ferviente y extraño adversario. En una entrevista, reconoció: «Mi destino me obligó a ser oponente de un hombre por el que incluso entonces sentía el máximo respeto. Nunca perdió los nervios ni sucumbió al odio, conservando su humor hasta en las condiciones más difíciles».

PRIMERA GUERRA MUNDIAL

El 18 de julio de 1914, Gandhi inició la primera etapa de su viaje, llegando a Londres el 6 de agosto, dos días después de que se hubiera declarado la Primera Guerra Mundial. Por tercera y penúltima vez en su vida, tomó una decisión duramente criticada por sus colaboradores: participar al lado de los británicos y pedir a los hindúes residentes en Gran Bretaña su colaboración en el conflicto: «Pensaba que las necesidades británicas no debían ser convertidas en nuestra oportunidad, y que era mejor y más honesto no presionar con nuestras demandas hasta que la guerra terminase (...). Tenía la esperanza de mejorar mi situación y la de mi pueblo a través del Imperio británico».

Poco después de ingresar en el ejército de Tierra enfermó de pleuresía, y cuando se repuso decidió abandonar Londres y regresar a la India.

GANDHI EN LA INDIA

LA TIERRA SOÑADA

«Me acercaba a la India con la ardiente esperanza de sumergirme en ella, y sentirme así totalmente libre. Pero el destino no lo quiso», escribió en sus memorias. El 9 de enero de 1915, Gandhi, que tenía entonces 45 años, pisó definitivamente su patria, donde fue recibido por una multitud que le aclamó como a un héroe.

Vestía ropas de algodón hindú «pero como viajaba desde Bombay en tercera clase, consideré esas ropas muy lujosas y me cubrí con una capa que me aseguraba el aspecto de un hombre pobre». Atrás quedaban sus ventiún años de estancia en África del Sur.

Tal y como le prometió a Gokhale, su gurú político, durante el primer año viajaría a través de todo el país para conocer la realidad social y las necesidades de su pueblo, y no se pronunciaría sobre ningún asunto público.

Gokhale, que falleció a las pocas semanas de la llegada definitiva de Mohandas, se hizo cargo de financiar el primer *ashram* de Gandhi en tierra india.

UN *ASHRAM* EN LA INDIA

Para su nuevo *ashram*, al que llamó Satyagraha, Gandhi eligió Ahmedabad, capital de Gujarat y un antiguo centro de tejedores manuales. Cuatro meses más tarde, el 20 de mayo el *ashram* era ya una realidad. Centro de aprendizaje para sus colaboradores, debía ser también el modelo para el futuro orden social de la India.

En el *ashram* Satyagraha habitaban en rigurosa sencillez entre 50 y 200 discípulos dedicados al estudio, la oración, los trabajos manuales así como también a ayudar a los lugareños. Su filosofía se orientaba a la consecución de una vida más humilde y restrictiva, exenta de necesidades. En el *ashram* no había días festivos ni vacaciones. Fue en ese lugar donde Gandhi tomó una decisión fundamental para su destino: «Hice la promesa de que jamás comería más de cinco alimentos diferentes en el curso de un día y que nunca comería después de oscurecer».

NACIMIENTO DEL MAHATMA, «ALMA GRANDE»

Durante sus viajes por todo el país, realizados siempre en trenes de tercera clase, Gandhi conoció a destacadas personalidades del mundo de la política y del arte. Entre ellas, a Tagore, Premio Nobel de Literatura, que le definió como «un alma grande vestida de campesino». De ahí el nombre de Mahatma (Alma Grande), un título que le acompañaría el resto de la vida. Al respecto, Gandhi escribió: «Con frecuencia el título de Mahatma me ha causado pesar y no logro acordarme de un solo instante en que haya servido para halagar mi vanidad».

Gandhi y Tagore mantenían muy buenas relaciones, pero ambos se movían en planos completamente diferentes. En cierta ocasión, Gandhi diría a Tagore: «Los millones de seres que sufren sólo necesitan un poema: comida». Mientras el poeta defendía los beneficios de la modernización que representaba Occidente, Gandhi era esencialmente un reformador del hinduismo, que deseaba que el pueblo se liberara de sus supersticiones y de las crueldades de una sociedad corrupta y lastrada por las castas.

Rabindranath Tagore (en la fotografía) fue una personalidad literaria que compartió los ideales de Gandhi, que estimaban, por encima de otras excelencias del espíritu, la tolerancia y la equidad. La influencia del poeta hindú sobre las corrientes literarias de Occidente fue notoria, pues su huella se detecta en muchos de los escritores que denostaron las conflagraciones mundiales de la primera mitad del siglo XX.

Tagore era el autor de uno de los poemas preferidos del Mahatma:

> «Si no responden a tu llamada, camina solo.
> Si tienen miedo y esconden silenciosamente la cara
> contra la pared, desgraciado de ti.
> Abre tu espíritu y habla alto y fuerte.
> Si se dan media vuelta y te abandonan en medio de la
> travesía del desierto, desgraciado de ti.
> Pisotea los cardos bajo tus pasos,
> y viaja solo por el camino ensangrentado.
> Si no te alumbran mientras la tormenta rasga la noche,
> desgraciado de ti.
> Cuando la chispa del dolor queme tu corazón,
> que tu corazón flamee en la soledad.

UN SONADO ESCÁNDALO

El 4 de febrero de 1916, Gandhi fue invitado a la inauguración de la Universidad de Benarés, dirigida por Annie Besant, una inglesa seguidora del profeta del pacifismo, que comprometió toda su vida en la lucha por la independencia de la India.

Dando por concluido el año de silencio político que Gokhale le recomendó, criticó duramente a todos los presentes, pidiéndoles que se deshicieran de sus joyas y que las pusieran a disposición de los campesinos pobres: «Poderosos, príncipes y gobernantes, yo os pido que abandonéis vuestros lujos y que compartáis con los pobres cuanto tenéis. Nosotros celebramos un simple acto mientras millones de hindúes mueren y esperan que hagamos algo por ellos (...). Y vos, virrey lord Hardinge, que habéis venido acompañado de un ejército de policías temiendo un atentado, ¿qué esperáis, si no sabéis dar amor y un sentimiento de hermandad que nos haga esperar lo mejor del pueblo británico? Somos esclavos y miserables y la independencia no nos basta, porque sabéis que no sabríamos qué hacer con ella ahora. Sin embargo, la India renacerá...».

Y prosiguió: «Gran parte de la extrema pobreza de nuestro pueblo hay que achacarla al abandono de las pequeñas comunidades en la vida económica y en la industria. Si no se hubieran importado productos foráneos, la India sería hoy un país en el que fluirían leche y miel...».

DESCONFIANDO DEL IMPERIO

Su primera aparición pública en su país constituyó un gran escándalo. Los príncipes y las autoridades, indignados, se levantaron y se marcharon. Sólo los futuros estudiantes permanecieron atentos a las palabras de aquel abogado que había hecho tanto «ruido» en África del Sur y que preconizaba lo que luego sería su gran lucha, la independencia de la India.

Sus veinte años de estancia en el continente africano le habían vuelto desconfiado. Las continuas luchas contra el poder de la otra colonia británica habían minado su antigua creencia de que el mayor imperio del mundo era una institución providencial para el gobierno y el progreso de su inmenso y pobre país.

Los cientos de pleitos en pos de la igualdad de los ciudadanos hindúes, las leyes discriminatorias y sus días en la cárcel, habían logrado sembrar la semilla de la duda en aquel abogado maduro.

LOS HOMBRES DEL FUTURO

Además de pedir una redistribución más equitativa de la riqueza y el reparto de bienes de los presentes, Gandhi dejó clara por primera vez su opinión: el auténtico futuro de la India dependía de los campesinos y no de los intelectuales ni los poderosos.

Además, y también por primera vez, reivindicó el uso de la lengua local en lugar del inglés colonial: «Es una profunda fuente de humillación y de vergüenza para nosotros que yo me vea obligado a dirigirme a mis compatriotas en una lengua que me es extraña. Nuestra lengua es el reflejo de nosotros mismos. Si en el curso de los últimos cincuenta años hubiéramos sido instruidos en nuestros dialectos, viviríamos hoy en una India libre y nuestros compatriotas eruditos no serían como extranjeros en su propio país. Se nos acusa de carecer de iniciativa, ¿cómo vamos a tenerla si toda nuestra energía debe consagrarse al aprendizaje de una lengua que no es la nuestra?» Fue ese mismo año, en diciembre, cuando publicó sus ideas sobre economía: «No se puede servir a Dios y al dinero. Los pueblos europeos gimen aplastados por un dios monstruoso: el materialismo. Su crecimiento moral se ha estancado y miden su progreso en libras, chelines y peniques. La meta de todos es alcanzar el nivel de vida americano... El progreso técnico trae la decadencia moral».

LA RUECA DE HILAR, SU NUEVA ARMA

Partidario de poner en práctica las teorías que daba a conocer, Gandhi empezó a pensar en la rueca de hilar, un antiguo instrumento que posteriormente fue sustituido por los telares, como en un medio para conseguir que todos los campesinos dispusieran de las prendas necesarias. Gandhi había aprendido a hilar en la Granja Tolstói, como una parte más de la filosofía de la que se nutrían esas comunidades. Si debían autoabastecerse y ser autosuficientes, debían producir los vestidos de sus miembros. Para Gandhi, amante de los trabajos manuales y artesanos, hilar se convirtió en un ejercicio cotidiano y en el símbolo de la autosuficiencia. Su polémico discurso en la Universidad de Benarés le había dado una razón más, la rueca de hilar podía transformarse también en el símbolo de la independencia económica de los más humildes. Pocos años después, ese sencillo instrumento fue una de las armas empleadas contra los ingleses en su lucha por la independencia.

RESTITUCIÓN DE LA DIGNIDAD

A instancias de Gandhi, los dirigentes hindúes solicitaron al gobierno una ley para abolir inmediatamente el impuesto de tres libras que debían pagar todos sus compatriotas contratados en Suráfrica.

Durante los años que Gandhi vivió en aquel país, había luchado contra este indigno impuesto que convertía en mercancía de cambio y en ciudadanos de tercera a aquellos que intentaban ganarse la vida en un país que, al menos, les ofrecía la posibilidad de tener un trabajo.

Ese impuesto fue siempre una espina en el corazón. Sus primeras protestas para que se suprimiera se remontan a 1894.

Gandhi solicitó una entrevista con el virrey quien aceptó suprimir la emigración bajo contrato y, con ello, el impuesto. Por fin, el 31 de julio de 1917, el gobierno del Imperio derogó, tras veintitrés años de súplicas y protestas, una de sus leyes más injustas e indignas.

EN FAVOR DE LOS CAMPESINOS

En uno de sus viajes por el país, Gandhi entró en contacto con una realidad social que desconocía, la de los campesinos de Bihar. Uno de ellos, Rajkumar, le pidió que cuando viajase cerca de Champaran le visitase porque necesitaba su consejo. Gandhi atendió esa petición, y en los primeros meses de 1917 llegó a Champaran, una pequeña ciudad al pie del Himalaya y en las cercanías del Nepal.

Los campesinos explicaron su problemática a Gandhi. Desde hacía más de cien años, y por ley, estaban obligados a plantar en sus tierras arrendadas, junto con sus alimentos, una determinada proporción de índigo para satisfacer a los propietarios ingleses. Además, pagaban rentas e impuestos: «Llegué a la conclusión de que cuando los campesinos son tan explotados y están tan llenos de miedo, los tribunales en nada les pueden ayudar. La verdadera ayuda es liberarlos del miedo, y la única manera de hacerlo era conseguir que aboliesen la obligación de plantar índigo para los patronos», reflexionó Gandhi.

Tras varias semanas de estudios, y como primera medida, redactó cientos de cartas de queja contra la abusiva situación de los campesinos. Las autoridades, molestas por la intromisión del abogado y acostumbradas a que nadie cuestionase su forma de gobernar, respondieron que debía abandonar Champaran porque su presencia podía causar disturbios públicos.

«SEÑORÍA, ME DECLARO CULPABLE»

Gandhi hizo caso omiso de la advertencia y no abandonó la ciudad. Las autoridades, ante el evidente desacato, lo detuvieron.

Una vez más, como anteriormente en Suráfrica, el Mahatma –nombre por el que empezaba a ser conocido en su país– se declaró culpable ante los tribunales de desobedecer la orden de marcharse: «Es mi deber plantear a la gente los verdaderos remedios a sus problemas. Una nación que quiere llegar a ser ella misma, debe conocer todos los caminos y todos los medios para lograr la libertad (...). No quiero obtener una reducción de la pena, sino señalar que he desobedecido la orden que se me hizo llegar no por querer faltar al respeto de la autoridad legal, sino en obediencia a la ley más importante de nuestra vida, la voz de la conciencia», expresó en su alegato ante los tribunales. Sorprendido por esa inesperada y honesta declaración de culpabilidad, el juez se negó a dictar sentencia. En esta ocasión, Gandhi no fue encarcelado.

LA GUERRA DEL ÍNDIGO

Durante las semanas de su estancia en Champaran, y a la espera de ganar esa batalla, Gandhi y sus colaboradores crearon escuelas primarias en diversas aldeas de la zona.

El Mahatma estaba convencido de que los campesinos nunca podrían mejorar su vida si no adquirían una mínima educación e instrucción. El menor de sus hijos, Devdas, fue uno de los profesores voluntarios de esas improvisadas escuelas que enseñaron a los niños y a sus familias la importancia de la higiene, la construcción de letrinas y algunas normas sanitarias básicas.

En todo momento Gandhi inculcó a los campesinos la necesidad de mantener la paz y de no dejarse llevar por la violencia. Fieles a las palabras del hombre que había decidido luchar por sus derechos, los campesinos no devolvieron las agresiones que sí recibieron por parte de la policía.

Pocos días después, el vicegobernador de la provincia llamó a Gandhi para llegar a un acuerdo: los tribunales reconocerían la razón de los campesinos, los impuestos sobre el índigo quedarían sin efecto y se obligaría a los propietarios de las tierras a reembolsar a sus trabajadores el 50 % de las sumas entregadas injustamente. La obligación de plantar índigo para el patrono quedó abolida por ley. Por primera vez, un líder espiritual «actuaba» para remediar las desgracias de las masas miserables de la India.

PRIMERA HUELGA DE HAMBRE

Ese mismo año, los obreros de las fábricas textiles de Ahmedabad, la misma ciudad donde estaba su *ashram*, le pidieron ayuda para conseguir unos salarios más dignos. El dueño de la fábrica, una de las más importantes de la India, era Ambalal Sarabhai, íntimo amigo de Gandhi y la persona que, tras la muerte de Gokhale, financiaba las 50.000 rupias a que ascendían anualmente los gastos de la comunidad. Tras estudiar el caso y dar la razón a los obreros, Gandhi les recomendó ir a la huelga.

Los ventiún días de resistencia pasiva y no violenta y la amistad que le unía a Sarabhai le provocaron una gran crisis moral, pues incluso una hermana del patrón –que se convirtió desde entonces en su más fiel seguidora y colaboradora– se unió a Gandhi y le ayudó en la preparación de la huelga. Como consecuencia de esa crisis inició un ayuno indefinido hasta que las reivindicaciones obreras se resolvieran satisfactoriamente.

Tres días más tarde, Sarabhai pidió a Gandhi que finalizase su ayuno porque sus exigencias habían sido escuchadas.

EL SACRIFICIO DE NO INGERIR ALIMENTOS

Esta fue la primera huelga de hambre que Gandhi protagonizó en la India, pero no sería la última. Su particular método de lucha era una paradoja en un país donde morir de inanición era la más común de las maldiciones. Manejada por el Mahatma, la huelga de hambre se convertiría en el arma política más poderosa jamás utilizada por un pueblo desarmado. Su finalidad era la de «imponer al adversario un sentido de urgencia que le impida abstenerse de actuar», como él mismo explicaría.

Gandhi tenía sus propias reglas para resistir las huelgas de hambre, y por ello las resumió en un artículo que se publicó en *Young India*: «Para empezar, aproveche toda su energía, tanto física como mental y deje de pensar en la comida mientras ayuna. Beber agua fría, tanta como sea posible, con o sin soda y sal, pero en pequeñas cantidades. Lavarse con agua caliente todos los días y purgarse regularmente durante el ayuno para eliminar todas las impurezas. Dormir al raso y bañarse con el primer sol de la mañana. Coma solo cuando tenga hambre y cuando haya ganado su alimento».

A lo largo de treinta y un años, desde su primera huelga de hambre en 1917 y hasta la última, en 1948, sólo unos días antes de ser asesinado, el Alma Grande renunció voluntariamente a ingerir alimentos en dieciséis ocasiones. En dos de ellas, sus ayunos duraron más de dos semanas, llevándole a las puertas de la muerte. Durante sus huelgas, Gandhi sólo ingería agua con un poco de bicarbonato. Mientras le era posible intentaba seguir con sus actividades cotidianas, como hilar en la rueca, estudiar la gramática del urdu (la lengua de los musulmanes) o hacer ejercicios de escritura bengalí, un idioma que le interesaba saber escribir.

LÍDER DE LOS HUMILDES

Finalizada la huelga de los obreros textiles, Gandhi se hizo cargo de otro problema que afectaba de nuevo a las comunidades más pobres del país. En el distrito de Kheda los campesinos debían pagar impuestos a los propietarios de la tierra, aun cuando, la cosecha hubiera sido muy mala.

Conocedores de que la ley fijaba unos mínimos de cosecha para que el impuesto fuera obligatorio, los campesinos informaron al líder de los humildes que el gobierno se negaba a verificar la cuantía real de lo obtenido y que reclamaba el pago: «Las demandas de los agricultores eran tan claras como la luz del día y tan moderadas que incluso aceptarlas significaba ganar una causa», recordaría Gandhi en sus memorias.

Los funcionarios del gobierno, cumpliendo órdenes, embargaron los pocos bienes de los agricultores, sus herramientas y animales. Ante estas acciones Gandhi endureció su postura, con el resultado de que varios de sus colaboradores fueron encarcelados.

De ese modo, en pocas semanas y para evitar la negativa publicidad que diariamente se publicaba en los periódicos, el gobernador del distrito revocó el pago de los impuestos a los más pobres.

APOYO A LA PRIMERA GUERRA MUNDIAL

En 1918 y ante la obligación de la India de colaborar con el Imperio al que servía, Gandhi anunció públicamente su apoyo a Gran Bretaña en el conflicto mundial. Por ello colaboró en el reclutamiento de soldados. Sería la última vez que el Mahatma prestase su favor a una iniciativa del gobierno británico. En esa ocasión, su actitud recibió numerosas críticas de los partidarios de la no violencia y de quienes ya pensaban en la independencia del país.

Gandhi aprovechó su acercamiento al virrey para expresar el deseo de que se le concediese a la India un estatuto de Dominio, es decir, la autonomía en el marco del Imperio británico. Éstos son algunos de los párrafos de la carta que el Mahatma envió al virrey: «Reconozco que en la hora de mayor peligro, debemos prestar apoyo voluntario y sin reservas al Imperio, del cual aspiramos a formar parte en un futuro próximo en las mismas condiciones que los Dominios de ultramar (...). Si bien resulta claro para mí que debemos dar al Imperio todo hombre que necesite para su defensa, temo que no pueda decir lo mismo en cuanto a ayuda financiera. La India ya ha dado al Tesoro imperial mucho más de lo que le permiten sus posibilidades».

Antes de finalizar su campaña de reclutamiento, llegó la noticia de la derrota de Alemania y del fin de la guerra, por lo que el destacamento que él formaba no tuvo necesidad de intervenir en el conflicto. A pesar de todo, más de un millón de hindúes lucharon en Europa en defensa del Imperio.

EL FIN DE LAS ILUSIONES

El Imperio en el que tanto había creído no actuó con la misma honestidad que Gandhi. Pese a las promesas de los británicos, el esperado estatuto de Dominio se convirtió en lo contrario: la promulgación de una ley –el llamado decreto «Rowlatt Bill»– en la que se imponían duras medidas y leyes de excepción destinadas a sofocar el movimiento independentista. Simultáneamente, una ola de detenciones atravesó la India, siendo encarcelado el más conocido dirigente nacionalista hindú, y también Annie Besant, la gran defensora de la independencia del país.

Tras reflexionar durante varias semanas, el Mahatma encontró la solución: «Que todo el pueblo de la India suspenda sus actividades en una fecha determinada y observe un día de ayuno y oración». En otras palabras, Gandhi propuso una huelga general de 24 horas (el máximo ayuno permitido a los musulmanes) con el fin de paralizar toda la India en protesta por la abusiva ley.

UN PAÍS SUMIDO EN EL SILENCIO

El 6 de abril de 1919 fue el día elegido. El ayuno y la oración marcarían el inicio del movimiento de desobediencia civil.

La India entera protestó en silencio. Cerraron las escuelas, los comercios, las oficinas públicas y los transportes. De norte a sur y de este a oeste, los hindúes de todas las religiones y castas ayunaron y oraron en favor de la autonomía de su país: «Hindúes y musulmanes parecían unidos como si fueran una sola persona», exclamaría Gandhi.

Tres años antes, esa misma unión entre las dos principales comunidades religiosas hindúes había dado lugar al llamado «Pacto de Lucknow», en el que hindúes y musulmanes exigieron conjuntamente la autonomía.

Sin embargo, el día de ayuno y oración se vio enturbiado por algunos brotes de violencia (asesinaron a europeos, se quemaron edificios, y se contabilizaron cientos de heridos graves a causa de la consiguiente represión policial). Como penitencia por estos trágicos sucesos, Gandhi ayunó durante tres días. Poco después, una trágica noticia le llenó el corazón de tristeza.

BAÑO DE SANGRE

Tan sólo dos días antes de poner fin al movimiento reivindicativo proindependencia, hubo una matanza en Amritsar, la ciudad sagrada de los sijs. Estando reunidas más de veinte mil personas en una plaza de la ciudad para mostrar su solidaridad con la huelga general, un oficial británico dio orden de disolver la pacífica manifestación a tiros. Fallecieron más de 400 personas. En cuanto se lo permitieron y se levantó la ley marcial, Gandhi viajó hasta Amritsar, la floreciente ciudad del Penjab, bañada en sangre y dolor. El resto de su vida, y con el corazón ahíto de tristeza, Gandhi ayunó todos los 13 de abril, día de la masacre, en señal de duelo.

Durante los meses que siguieron al trágico suceso, Gandhi tan sólo manifestó su opinión en varios diarios locales y nacionales: «Cuando un gobierno toma las armas contra sus súbditos desarmados, ha perdido el derecho a gobernar», escribía. Con ello pretendía educar e informar al pueblo de las verdaderas razones y objetivos del «satyagraha».

GANDHI, PRESO

EL VALOR DE UN PUEBLO

Esta fue la primera ocasión en que la tragedia se cebaría en el Penjab, uno de los estados más ricos y florecientes del país. Su historia quedaría, desde ese mismo momento y hasta decenas de años después, escrita con la sangre de sus numerosas víctimas. Porque tras la independencia de la India, el Penjab fue la zona más castigada por la violencia y el odio. En 1919 vivían en ese estado cuatro millones de hindúes sijs, que apenas representaban un uno por ciento de la totalidad de la población. La influencia ejercida por los sijs era importante, ya que se trataba de una de las comunidades más vigorosas y unidas. Poseían más del 40 % de las tierras y producían cerca de las dos terceras partes de las cosechas del país. Y un tercio de los soldados del ejército de la India eran sijs.

Gandhi escribió al respecto: «No deja de sorprenderme el hecho de que la provincia que mayor número de soldados suministró al gobierno británico durante la guerra deba ser sometida a tal exceso de brutalidades».

La religión sij había nacido en la misma tierra hindú, fruto de la unión del hinduismo y del islam. Su doctrina les obligaba a observar la ley de las Cinco K, que además les permitía reconocerse unos a otros a simple vista: dejarse crecer los cabellos y la barba (*kesh*); llevar un peine de marfil o de madera (*kangha*) y un sable (*karpan*), usar calzones cortos de guerrero (*kuchha*) y lucir un brazalete de acero en la muñeca (*kara*).

BOICOT A TODO LO BRITÁNICO

Fue en Amritsar, la ciudad del baño de sangre, donde Gandhi ingresó de lleno en el partido del Congreso. En esa primera asamblea perfiló las bases de lo que meses después se definiría como el movimiento de la «no cooperación» o la «no colaboración» con las autoridades británicas: «La única resistencia verdadera que podíamos esgrimir contra el gobierno radicaba en no seguir cooperando con él».

Como primera medida, Gandhi propuso un boicot a las telas inglesas para luego, con el tiempo, ampliarlo a todos los productos de procedencia británica. Mientras estudiaba la viabilidad del boicot textil, indagó el modo de aumentar la producción de «khadi», la tela india confeccionada con algodón hilado a mano, para cubrir las necesidades de los habitantes. Así, además de potenciar la materia prima, favorecía la creación de humildes trabajos como una manera de paliar la miseria de millones de hindúes: «Solamente se utilizaría la materia prima producida en la India», concluyó como medida definitiva.

TEJIENDO EL FUTURO

Con la propuesta del boicot a los tejidos ingleses, el Mahatma conseguía dar cuerpo a una idea acariciada desde tiempo atrás: volver al trabajo artesanal como solución a la pobreza de una ingente masa de hindúes.

Creía firmemente que la miseria de los campesinos procedía, ante todo, de la decadencia de los oficios rurales y veía en el renacimiento del artesanado la clave del resurgimiento de los campos. Gandhi defendía una India artesanal frente al progreso de la ciencia: «La ciencia no debe regir los valores humanos, como tampoco debe la técnica gobernar la sociedad; la verdadera civilización no es la multiplicación indefinida de las necesidades del hombre, sino, por el contrario, su deliberada delimitación, a fin de permitir a todos compartir lo esencial». Gandhi reclamaba el cierre de las fábricas textiles y su sustitución por la rueca y el telar individual a fin de dar trabajo a todos los hindúes y crear actividades que no obligasen a los más pobres a abandonar los campos para huir a las ciudades.

EL PRECIO DE LA POBREZA

Esa concepción empezó a madurarla unos años antes, cuando se hizo cargo de la defensa de los plantadores de índigo de Chamaran (Bihar). Allí conoció el proceso real: Gran Bretaña compraba a precio irrisorio el algodón teñido de índigo (añil), dos materias primas de la India, que luego enviaba a las fábricas de Lancashire, donde se completaba la producción. Las prendas confeccionadas en la cuna del Imperio con materias hindúes se exportaban manufacturadas de nuevo a su país de origen, alcanzando precios prohibitivos para la gran mayoría de sus 400 millones de habitantes.

Fueron los humildes campesinos de Bihar, obligados a plantar el añil que pasaba a ser propiedad del dueño de las tierras, quienes hicieron comprender a Gandhi –según su propia confesión– la perfección de la explotación moderna de un país por otro.

LA RUECA, SÍMBOLO NACIONAL

Para realizar el boicot era necesario disponer de telares manuales en los que crear tejidos hindúes, la rústica y artesanal tela llamaba «khadi».

Con la atávica rueca, este abogado, que había cambiado los tribunales por la pacífica defensa de los derechos de los seres humanos más desprotegidos, combatió los modernos telares ingleses. No sólo cada persona podía autoabastecer su necesidad de vestido, sino que, además, la rueca era un medio para liberar a la India de la dependencia de la industria textil británica.

Cada día, Bapu, el padre de los pobres, dedicaba media hora de su tiempo a hilar. Consciente de que la mejor lección era dar ejemplo, obligó a sus discípulos y seguidores a hilar también a diario. Muy pronto las ciudades y aldeas indias se llenaron de los ruidos de las miles y miles de activas ruecas de madera. Tan sólo un año después de convertir la idea en realidad, el khaddaz, las casacas y pantalones de los hombres hechas con khadi, se transformaron en el uniforme de los combatientes de la independencia.

Tras la muerte de Gandhi, J. Nehru, su discípulo y primer ministro de la India independiente, seguiría vistiendo el tradicional khaddaz hasta el fin de sus días. Gandhi solicitó al Partido del Congreso que la rueca formase parte de la bandera de la futura India libre, simbolizando el progreso.

LA FIESTA DEL FUEGO

Cuando el boicot alcanzó su punto álgido, cada día, en diversas ciudades y aldeas del país, se encendían fogatas con prendas y otros artículos británicos.

Porque la política de aquel astuto hombrecillo que sólo viajaba en tercera clase, que se expresaba en el único idioma que entendían los campesinos –el hindi o el gujaratí– y que parecía conocer en profundidad sus sufrimientos, era muy fácil de comprender. Formaba parte de la misma vida y de su esperanza de construir un mundo mejor y más justo, más equitativo. Durante sus primeros años en la India, tras su larga ausencia, Gandhi se ganó el afecto de los más humildes, independientemente de su religión.

Con el paso del tiempo, Mahatma se hizo a sí mismo, a través de un proceso de búsqueda de la perfección, y ese proceso incluía también la felicidad de sus semejantes. De ahí su cariñosa e intensa dedicación a los más humildes y marginados.

¡ABAJO TODO LO BRITÁNICO!

El 1 de agosto de 1920, en la asamblea nacional del Partido del Congreso celebrado en Calcuta, dio a conocer las pautas que debería seguir su recién iniciado movimiento de no cooperación o de desobediencia civil: boicot absoluto a todo lo británico.

Esa fue la consigna. El boicot englobaba diferentes aspectos de la vida cotidiana y pública, desde la devolución de los títulos, honores y medallas hasta la no asistencia de los niños a los *colleges*, el abandono por parte de los funcionarios hindúes de sus empleos en la administración, la no asistencia de los abogados a los tribunales británicos, así como la deserción de los soldados. Ningún aspecto relacionado con la nacionalidad británica quedaba fuera del boicot, desde las prendas de vestir hasta las fábricas y las autoridades. Una revolución pacífica hacía temblar los cimientos más sólidos del Imperio. Como demostró a lo largo de su vida, Gandhi tenía una notable imaginación para abrir nuevas vías de oposición y protesta eficaces y que no contradijeran sus firmes principios de no violencia.

EN NOMBRE DE LA LEALTAD

Al día siguiente de hacer pública la consigna, y para dar ejemplo, devolvió al gobierno la medalla Kaisar-i-Hind, conseguida por sus acciones humanitarias, y las otras condecoraciones ganadas por sus servicios militares en Suráfrica.

La reacción en cadena no tardó en llegar: Motilal Nehru, dirigente del Partido del Congreso y padre del futuro primer ministro, abandonó su oficio de abogado, siendo imitado por cientos de juristas.

Por su parte, y en un intento de borrar ante el mundo entero la imagen de esa pequeña y extraña revolución que estaba naciendo en la mayor colonia del Imperio, el gobierno británico decidió enviar a esa tierra amotinada sin armas al mismísimo príncipe de Gales. El Partido del Congreso, en respuesta, boicoteó también el viaje y se produjeron nuevos disturbios.

Pocos meses después, y ante el caos y las pérdidas económicas ocasionadas por el boicot, la administración británica aceptó ceder algunos derechos para apaciguar los ánimos, entregando el poder provincial a los ministerios hindúes.

EL PESO DE LAS TRADICIONES

En la asamblea de Calcuta, Gandhi consiguió también arrancar a los dirigentes algunos acuerdos que consideraba indispensables para la India del futuro. Una de sus máximas preocupaciones, además de la unidad de hindúes y musulmanes, eran los intocables, los sin casta, condenados a ser los parias de la India, los eternos «sin derechos».

El origen de tan tremenda desigualdad se hallaba en el seno de la propia religión hindú. Según reflejaba la ancestral tradición, ese auténtico batallón de miserables, más de una sexta parte del total de la población, no hacía más que expiar las faltas cometidas en sus anteriores vidas. Eran hindúes, pero sin derecho a casta, lo cual en la India era, simplemente, ser menos que nada.

LOS INTOCABLES, HIJOS DE DIOS

Humillados con los peores trabajos –como recoger las basuras y ocuparse de las letrinas–, los intocables eran fácilmente reconocibles por el color más oscuro de su piel, la sumisión de su comportamiento y la extrema pobreza en la que vivían.

Tenían prohibida la entrada en los templos, no podían llevar a sus hijos a escuelas donde hubiera niños de otras castas, ni quemar a sus muertos, ni siquiera beber agua de las fuentes públicas. Estaba severamente prohibido comer en su compañía o aceptar sus alimentos. La sombra de los intocables ofendía a los miembros de las castas superiores, por lo que circulaban siempre por caminos propios, lejos de las ciudades y las aldeas. Mahatma Gandhi conoció la cruel realidad de estos millones de seres anónimos que sólo esperaban morir lo antes posible para reencarnarse en un nivel superior. Cuando una familia de intocables solicitó ser admitida en el *ashram* de Ahmedabad, tuvo que librar una dura batalla entre sus seguidores para que aceptasen sin reservas a los recién llegados. A los intocables, Gandhi les llamó *haridjans* o «hijos de Dios».

FAQUIR MEDIO DESNUDO

Comprometido con sus creencias y en solidaridad con los desheredados de la tierra, Gandhi anunció en 1921, y en plena campaña pro boicot, su intención de cambiar su tradicional vestimenta hindú por el *doti* (un paño de algodón blanco anudado en la cadera), el símbolo de los más pobres, de aquellos que no podían permitirse el lujo de comprar la suficiente tela para disponer de un atavío completo.

Algunos meses más tarde, y convertido ya en un faquir medio desnudo, como despectivamente le llamó el dirigente británico Winston Churchill, el príncipe de los pobres inició un movimiento masivo de desobediencia civil en el distrito de Bardoli (Gujarat), en el que vivían unas 87.000 personas. Se proponía llevar a cabo una huelga de impuestos. Pero otro acontecimiento le demostró de nuevo que los ciudadanos no acababan de entender la no violencia, puesto que en una aldea vecina una multitud enfurecida asaltó un puesto de policía y le prendió fuego con veintidós personas en su interior.

CINCO DÍAS DE PENITENCIA

Horrorizado por la violencia de los campesinos, no sólo interrumpió la campaña, sino que se impuso un ayuno expiatorio de cinco jornadas. Según su costumbre, en esos días su dieta consistía sólo en beber agua con un poco de bicarbonato.

A pesar de sus instrucciones y súplicas, la violencia no cesó. Unos meses después más de 10.000 hindúes llenaban las cárceles por delitos políticos y actos violentos.

Profundamente apenado, el Mahatma desconvocó definitivamente toda campaña, siendo duramente criticado por la opinión pública y por algunos de sus seguidores, que no comprendieron su retirada: «Es mejor ser acusado de cobardía y debilidad que pecar contra Dios faltando a nuestro juramento de no violencia», fue su única respuesta.

UN MUNDO DE CIEGOS

Fundamental en su vida fue la doctrina de la no violencia que defendió hasta el último de sus días. Dicha doctrina, además de su influencia jainita, bebía directamente del Sermón de la Montaña, el texto evangélico en el que Cristo aconseja a sus discípulos que presenten la otra mejilla a sus agresores.

Con experiencias reales e intelectuales, profundizó en ese concepto abstracto e intentó aplicarlo para transformar, de este modo, a los hombres con el ejemplo del bien y reconciliarlos con la voluntad de Dios. Tenía la firme convicción de que la violencia sólo genera violencia, y se mantuvo fiel a sus principios, aunque en ocasiones esa actitud pudiera suponer, a efectos prácticos, un error político. El querido e incomprendido Bapu estaba seguro de que la famosa ley de Talión, «ojo por ojo y diente por diente» «sólo podía conducir a un mundo de ciegos».

HUÉSPED DE LA CÁRCEL BRITÁNICA

La violencia desencadenada en Bardoli y otras poblaciones tuvo como consecuencia la detención de Mahatma Gandhi.

Juzgado por inducción a la rebelión, asumió su propia defensa, se reconoció culpable de todos los cargos y solicitó para sí mismo la pena máxima.

El juez C. N. Broomfield, conocedor de la fama de su encausado, se puso en pie como muestra de respeto cuando Gandhi entró en la sala.

Desarmado ante la categoría moral de ese hombrecillo frágil que reconocía su culpabilidad, y contra su voluntad, le condenó a seis años de cárcel en el penal de Yeravda (Poona).

Las autoridades británicas evitaban, siempre que era posible, llevar a Gandhi ante los tribunales porque invariablemente, los administradores de la justicia acababan reconociendo siempre al condenado como vencedor moral.

EN BUSCA DE LA PAZ DEL ESPÍRITU

Durante su estancia en la cárcel, Gandhi –que se impuso una disciplina espartana levantándose cada día a las 4 de la mañana– consideraba el castigo de prisión como un auténtico descanso para su cuerpo y su espíritu.

En Yeravda, además de tejer durante una hora cada día, escribió su autobiografía, que tituló *La historia de mis experimentos con la verdad* y una *Guía de la salud* en la que exponía el resultado de sus experiencias con la dieta vegetariana.

A los dos años de su ingreso en prisión, en 1924, tuvo que someterse con carácter de urgencia a una operación de apendicitis. Mientras se le extirpaba el apéndice hubo un fallo en el suministro eléctrico y el médico que realizaba la intervención tuvo que finalizarla a la luz de una vela. Su restablecimiento fue más lento de lo habitual, por lo que al comprobar su delicado estado de salud las autoridades británicas decidieron ponerle en libertad. Opinaban que era preferible dejarle libre que convertirle en un mártir, si sucedía lo peor.

VOLVER A EMPEZAR

La India que esperaba la liberación de Gandhi había suspendido desde tiempo atrás, a los pocos meses de su encarcelamiento, el movimiento de no cooperación y finalizado el boicot. Los funcionarios habían regresado a sus trabajos y los niños a las escuelas. Fueron unos meses de tensa calma en los que cesaron los brotes de violencia. Al pueblo, deseoso de progresar, le faltaba la guía del Mahatma.

Gandhi decidió tomarse otro año de silencio político, pero la eterna división entre hindúes y musulmanes volvía a resurgir. La unión que en su día hizo exclamar al Mahatma que caminaban unidos como si fueran una sola persona, había sido una ilusión temporal. De nuevo, el antagonismo visceral de las dos comunidades religiosas más importantes del país se abría en una brecha que ni la ansiada independencia consiguió cerrar.

Los graves acontecimientos que parecían no poder controlarse le obligaron a aplazar sus deseos de reflexión.

HISTORIA DE UN ENFRENTAMIENTO RELIGIOSO

En el siglo XVIII, tras el derrumbamiento del Imperio mogol (de origen musulmán), se produjo un renacimiento del hinduismo, que originó constantes y sangrientos enfrentamientos entre musulmanes e hindúes.

Los hindúes no olvidaban que la mayoría de musulmanes descendían de intocables que habían visto en la conversión la posibilidad de huir de su cruel condición.

El hinduismo, una religión sin fundador aunque revelada, es una suerte de jungla en la que habitan más de tres millones de divinidades consagradas a las estaciones, el clima, las cosechas o las enfermedades, si bien tiene tres dioses principales: Brahma, el creador que domina el mundo; Visnú, el conservador y dios de la piedad, y Siva, el destructor, que lo aniquila todo para que pueda volver a nacer.

Las características principales de esta religión son la tolerancia y la creencia en la reencarnación. Y aunque parezca un contrasentido, se trata de dos características opuestas, pues la tolerancia está muy limitada por la creencia en la otra vida, origen del sistema hindú de castas y frontera entre las dos religiones enfrentadas.

MARCADOS DESDE EL NACIMIENTO

Según las escrituras védicas, las castas hindúes serían una creación del dios Brahma. Por eso, los brahmanes, la casta más elevada, proceden de la boca de este dios; los chatrias (guerreros) de sus bíceps; los vacias (comerciantes) de sus caderas, y los sudras (artesanos) de sus pies. Por último, los sin casta, los intocables, habrían nacido de la tierra. Sin embargo, esta teoría religiosa fue utilizada en la práctica por las clases dominantes para perpetuar la esclavitud de las poblaciones de piel negra.

Las cinco castas originales se multiplicaron hasta convertirse en cerca de cinco mil subcastas, de las que más de mil ochocientas eran sólo para los brahmanes.

LAS OTRAS VIDAS

El segundo concepto fundamental del hinduismo, la reencarnación, está igualmente vinculado al sistema de castas. Porque los hindúes consideran que el cuerpo no es más que una envoltura provisional del alma y que ésta viaja a través de varias vidas hasta completar un ciclo que es la fusión con el cosmos.

De ahí surge la resignación de los más pobres y humildes de la India, quienes aceptan su suerte a la espera de un destino mejor en la próxima reencarnación. La paz llegaría con los británicos. Durante el reinado de éstos en la inmensa India, lograron mantener un frágil equilibrio entre las dos comunidades, obteniendo un gran provecho de esa situación de desunión.

Bajo su dominio, musulmanes e hindúes vivían en armonía pero sin mezclarse. En la mayoría de los pueblos y aldeas hindúes, una carretera o un camino dividía la zona musulmana de la hindú. Los niños hindúes se expresaban en hindi mientras que los musulmanes lo hacían en urdu.

Los musulmanes no perdonaron a los hindúes que bajo el dominio británico se convirtieran en los administradores del país. Sobre todo, porque la ley coránica prohibía a sus fieles el comercio del dinero.

HASTA LA MUERTE

En cuanto se restableció de la operación de apendicitis, Gandhi dedicó todas sus energías a solucionar el problema de los conflictos entre hindúes y musulmanes.

Desde su estancia en Suráfrica, donde el antagonismo no era tan radical, sabía que el futuro de la India tenía que basarse en la unión de esas dos comunidades tan diferentes y conflictivas pero obligadas a entenderse.

Mientras, los estallidos de violencia eran pequeños pero continuos. La magnitud de la acción que emprendiera tenía que corresponderse con el objetivo propuesto: la reconciliación de las dos comunidades. En septiembre de 1924 y ante los constantes disturbios, acudió a su arma más poderosa, la huelga de hambre. Gandhi inició entonces un ayuno hasta la muerte.

Bajo la vigilancia de dos médicos musulmanes, la salud de este frágil hindú de 55 años se debilitó rápidamente hasta el punto de llevarle a las puertas de un desenlace fatal. A los veintiún días de ayuno, y ante la gravedad de su estado, los principales dirigentes musulmanes e hindúes se reunieron con el moribundo Mahatma Gandhi y acordaron el fin de las hostilidades.

Cuando se restableció, fue elegido presidente del Partido del Congreso, movimiento político que aglutinaba a todos los partidarios de un país unido e independiente. Sin embargo, Mahatma se mantuvo firme en su intención de iniciar un año de meditación alejado de los asuntos públicos.

EL SILENCIO DEL PROFETA

El año previsto para la meditación se convirtió en tres. Gandhi cedió la presidencia del Partido del Congreso a la poetisa Sarojini Naidu, ferviente partidaria de su filosofía y que popularizó el nombre de «padre de la nación».

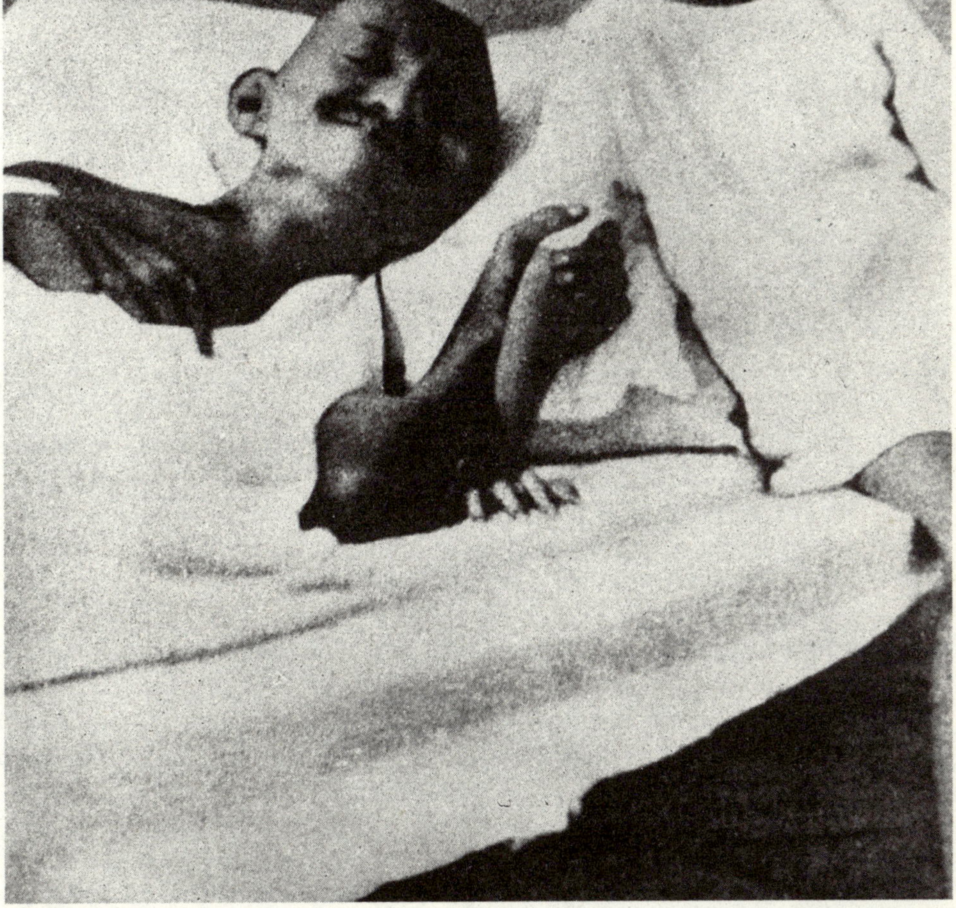

La fotografía muestra a un Gandhi avejentado aunque risueño, tras interrumpir el ayuno de 1924. La protesta estaba destinada a la reconciliación de los hindúes y musulmanes, enzarzados en sangrientas luchas. El ilustre anciano sujeta el brazo de Indira Gandhi, todavía niña.

Naidu, a quien el Mahatma llamaba el «ruiseñor de la India», colaboró activamente dirigiendo, en diferentes momentos, a los pacíficos ejércitos de satyagrahas, los decididos y activos partidarios de la no violencia.

Durante su «silencio» voluntario, Gandhi apenas hizo apariciones en público ni declaraciones aunque no dejó de recorrer a pie y en tren todo el país. Iba de pueblo en pueblo y de aldea en aldea instruyendo a los ciudadanos en el uso de la rueca y creando centros para la confección del khadi.

En sus charlas pedagógicas incorporó progresivamente nuevos temas que le preocupaban, como la poca conveniencia de los matrimonios infantiles, el daño irremediable que producía el alcohol –una de las lacras de los países pobres– en el cuerpo y la mente, y la promoción del hindi como lengua nacional en lugar del inglés de los colonizadores.

EL PADRE DE TODOS

Las grandes masas de analfabetos hindúes sentían auténtica adoración por ese famélico abogado, que vestía como un intocable y gastaba su tiempo en intentar mejorar sus vidas. Gandhi parecía haber abandonado la lucha política para establecerse entre ellos, compartiendo sus miserias y alegrías. Le consideraban un auténtico padre.

El Mahatma comprendía, a su vez, que millones y millones de sus compatriotas apenas podían alegrarse por una futura independencia puesto que vivían al margen de la vida. Su única ley y esperanza era llegar al día siguiente y obtener algo de comida.

En un país tan grande, donde la radio no llegaba ni a la mitad de la población, cualquier opinión expresada por «Gandhiji» se recibía, en cambio, con la rapidez del rayo.

Le profesaban un cariño sincero y sus movimientos eran seguidos por cuatrocientos millones de anónimos ciudadanos para quien la esperanza en un futuro mejor tenía un nombre propio: Bapu.

LA RESPONSABILIDAD DE UN LÍDER

Hacía ya un año que Gandhi analizaba todo lo que sucedía a su alrededor. El país estaba sumido en un caos en pos de la independencia, y diversos actos terroristas provocaron numerosos muertos.

En Lahore, la capital del sufrido Penjab, había sido asesinado el jefe de la policía. Su ejecutor sij había sido elevado a la categoría de héroe nacional.

Por otro lado, el ala joven del Partido del Congreso, dominada por Chandra Bose y Jawaharlal Nehru, futuro primer ministro e hijo de Motilal, exigían la independencia aun a costa de la guerra. Ante este estado de agitación, Gandhi acudió a una asamblea decisiva. Una vez más se mostró contrario a la guerra, alabando de nuevo los valores de la no violencia.

Mientras el padre de la nación, a petición del Partido del Congreso, aceptaba otra vez la responsabilidad de guiar el movimiento social, se decidía también que los miembros del Partido del Congreso con puestos en las legislaturas estatales dimitieran y que el pueblo se negase a pagar impuestos.

Nacía otra campaña de desobediencia civil.

BUSCANDO LA RESPUESTA

Para meditar sobre las nuevas acciones sin exaltar los ánimos de los más radicales, Gandhi se retiró al *ashram*. Durante seis semanas, su cabaña se convirtió en el centro de interés de todos los que deseaban emprender una acción y, a la vez, poner fin a tanta violencia.

Antes de dar a conocer las nuevas directrices, escribió una respetuosa carta al virrey de la India, lord Irwin, rogándole que se reanudaran las negociaciones rotas, a la vez que acusaba al poder que el virrey representaba de ser «una maldición por haber llevado a la miseria a millones de hindúes mediante una explotación sistemática (...). Las injusticias citadas se imponen para mantener una administración extranjera que, como bien sabe, es la más cara de la tierra. Elegiré su caso concreto, usted como virrey, gana un salario cinco mil veces mayor que el de cualquier hindú. Un sistema que favorece tales prebendas merece ser destruido».

Por último, Gandhi le advertía que si las negociaciones no se reanudaban iniciaría una campaña masiva de desobediencia civil contra el impuesto que gravaba la sal, y que acababa de ser aumentado por parte de los británicos.

GANDHI, SOLIDARIO

LA SAL DE LA TIERRA

Monopolio de los colonizadores, la sal sólo se podía comprar en las tiendas del gobierno y a un precio fijado previamente al que se le sumaban distintos impuestos que afectaban de modo especial a los más pobres. El importe anual del gravamen equivalía al salario de dos semanas.

Mineral imprescindible para los millones de hombres y mujeres que trabajaban duramente bajo un sol abrasador, era y es un ingrediente vital de la alimentación en el caluroso clima de la India.

Curiosamente, el arma elegida por el Mahatma para esta nueva rebelión pacífica, iba a ser un alimento del que había prescindido años atrás, en su lucha por la castidad.

El 11 de marzo de 1930 prescribió el plazo que este anciano de 61 años, al que empezaban a llamar «Abuelo», dio al virrey.

La ciudad de Ahmedabad estaba literalmente tomada por corresponsales de prensa hindúes y extranjeros. Todos estaban pendientes de su reacción.

LA MARCHA DE LA SOLIDARIDAD

El 12 de marzo, Gandhi cumplió con sus habituales oraciones matinales. Después, acompañado de 78 personas (entre las que se encontraban la poetisa Sarojini Naidu y Devdas Gandhi, el menor de sus hijos) y bastón de bambú en mano se puso en marcha hacia el sur, en busca del mar, a 400 kilómetros de distancia.

En el camino siguió predicando sus creencias de no violencia, y enseñó a hilar a quienes se lo pedían. Cualquier momento le parecía bueno para dedicarse a enseñar las vías que podían garantizar una vida más digna.

Durante los 24 días que duró la marcha, caminaron entre 30 y 40 kilómetros diarios, aproximadamente. Pronto, a los peregrinos iniciales se les unieron otras muchas personas, llegando a formar un séquito de varios miles de hombres y mujeres. Más de trescientos alcaldes de pequeños pueblos renunciaron a sus funciones y se unieron al Mahatma.

ROBANDO SAL AL MAR

Los periódicos –impresionados por el reto que un hombrecillo medio desnudo había lanzado contra el gran Imperio– relataron día a día los acontecimientos de esta tensa guerra sin armas.

El 5 de abril la comitiva llegó a la ciudad de Dandi, sobre la costa del Índico. Gandhi sólo había comunicado a sus más íntimos seguidores el objetivo de la marcha.

Tras rezar durante toda la noche y ante los ojos atónitos de sus acompañantes, el Mahatma se sumergió en el mar y cogió de las salinas un puñado de sal. Su acción constituía un delito y lo sabía. Miles de campesinos siguieron a su líder e hicieron lo mismo: proveerse de la sal de las salinas. Ese primer puñado de sal robado al mar y a los británicos fue subastado para recaudar fondos, al mejor postor. Pagaron por él 1.600 rupias, una cantidad exorbitante para la época.

LA REVOLUCIÓN DE LA PAZ

Las autoridades decidieron no intervenir y esperar los próximos acontecimientos. Pero cuando en pocos días descubrieron que las juventudes del Partido del Congreso vendían sal libre de impuestos en las ciudades, el virrey ordenó detener a los insurrectos, y en menos de una semana más de 70.000 personas, entre ellas Nehru y los dirigentes políticos, abarrotaron las cárceles del país.

El 4 de mayo Gandhi fue nuevamente detenido: «Por fin, voy a poder dormir a gusto», escribió a un discípulo.

Consciente de que el satyagraha no podía acabar con su detención, Gandhi tenía prevista la segunda parte de esta campaña de desobediencia civil. Su hijo Manilal y Sarojini Naidu dirigirían una nueva operación consistente en tomar con medios pacíficos la fábrica de sal de Dharasana, situada a unos doscientos cincuenta kilómetros de Bombay. Más de 2.500 seguidores del Mahatma colaboraron en esta marcha. Pero un destacamento de quinientos soldados y policías esperaban a la caravana de la sal a las puertas de la fábrica. Mientras la pacífica comitiva avanzaba lentamente, una fila de policías les conminó a detenerse.

LA FUERZA DE LA VERDAD

Los participantes en la manifestación, encabezada por Manilal y Sarojini, sabían lo que les aguardaba. Una línea de soldados esperó a que la primera fila llegase, golpeando entonces a los sumisos partidarios de la no violencia con sus *lathis* de acero. Las mujeres, entre las que se encontraba Kasturbai, esposa del Mahatma, recogían a los heridos y se volvía a empezar. Otra fila avanzaba, los guardias descargaban sus golpes y las mujeres recogían de nuevo a los heridos. Esta situación duró un día entero. Incluso hubo que reemplazar en varias ocasiones a los soldados encargados de golpear a los pacíficos manifestantes: «No había lucha alguna ni refriega cuerpo a cuerpo: los manifestantes caminaban simplemente hacia delante, sin intentar defenderse de los golpes, hasta que eran derribados». Con estas palabras, el periodista estadounidense Webb Miller relató al mundo lo que había presenciado.

En otra parte del país, Ghaffar Khan, el «Gandhi de las fronteras», había tomado la ciudad de Peshawar sin efectuar un solo disparo, consiguiendo desarmar a sus feroces guerreros. Y a pocos kilómetros de Bombay, un pelotón hindú del ejército británico se había amotinado contra sus superiores para no disparar sobre los musulmanes.

LA DERROTA DE UNA VICTORIA

Los satyagrahas consiguieron lo que Gandhi tanto ansiaba desde el punto de vista pacifista: convertir la victoria de los británicos en una gran derrota. Por primera vez se había conseguido un punto de referencia para el futuro.

La reacción en cadena ante un hecho tan singular no tardó en llegar. Desde todo el mundo se pidió a lord Irwin, virrey de la India, la liberación de Gandhi.

El gobierno de Gran Bretaña, para salvar su maltrecha imagen ante la opinión pública, se vio forzado a convocar una reunión urgente con los dirigentes hindúes a fin de encontrar una solución al conflicto que duraba desde hacía más de quince años.

PRIMERAS NEGOCIACIONES

En agosto de 1930 se celebró en Londres la famosa Conferencia de la Mesa Redonda para tratar el tema hindú. El virrey envió a varios representantes, pero los políticos británicos exigieron la presencia de los dirigentes del Partido del Congreso hindú, todavía presos en las cárceles de sus colonizadores.

Los acuerdos se aplazaron para una nueva reunión fijada para seis meses después. El virrey excarceló a Gandhi y a todos los miembros de su partido en enero de 1931.

Una vez más, el Mahatma solicitó una entrevista con lord Irwin, quien le recibió el 17 de febrero de ese mismo año, de igual a igual y como digno

Llegada de Gandhi a Folkestone. Un amplio despacho londinense acogió a diversos compromisarios encargados de negociar la independencia de la India, cumplida en 1931. El recelo británico no pudo apelar el discurso ético argumentado por la comisión hindú, cuyo criterio estaba alentado por los planteamientos del insigne premio Nobel de la Paz.

representante de su país. De esa conversación nació el llamado Tratado de Delhi, esto es, las primeras concesiones del Imperio hacia su rebelde colonia: la liberación de todos los presos y la legalización de la fabricación de sal marina con el consiguiente fin del monopolio. Por su parte, Gandhi acordó la suspensión del movimiento de desobediencia civil.

Ni independencia ni autonomía. La ausencia de estas dos palabras en el tratado de Nueva Delhi levantó un aluvión de protestas entre sus seguidores. El Mahatma, una vez más, prefirió acatar los acuerdos y esperar la celebración de la segunda Conferencia de la Mesa Redonda.

IRONÍAS DEL DESTINO

La liberación de todos los presos políticos, fijada en el Tratado de Delhi, benefició también a Singh, un estudiante sij que había sido juzgado y condenado al patíbulo por sus actuaciones como patriota revolucionario. La amnistía política cambió su trágico final por la libertad. Agradecido a quien le había devuelto la vida, Singh inició una peregrinación hasta el *ashram* de Ahmedabad para conocer a su bienhechor.

A partir de ese momento, se convirtió en uno de sus más fieles discípulos. Pero el destino le tenía reservada una penosa misión: Singh, el hombre a quien Gandhi salvó de la muerte, fue quien recogió en sus brazos, diecisiete años después, el cuerpo del Mahatma muerto por los disparos de un extremista hindú.

NEGOCIANDO LA LIBERTAD

El 12 de septiembre de 1931, Gandhi llegó a Londres para asistir a la anhelada segunda Conferencia de la Mesa Redonda, donde esperaba obtener un compromiso serio sobre el futuro del país. En ese viaje le acompañaron el menor de sus hijos, la poetisa Sarojini Naidu y una cabra negra, la misma que cada día le suministraba un tazón de leche. Este variopinto grupo, vestido con livianos tejidos en un frío otoño británico, despertó las simpatías de los londinenses.

Durante su estancia en la capital, Gandhi rechazó hoteles y honores y se instaló en el barrio marginal de East End. La prensa británica reflejó, paso a paso, la estancia del Mahatma.

Mientras la Conferencia seguía su curso, Gandhi se entrevistó con Charles Chaplin, Bernard Shaw y el arzobispo de Canterbury, y visitó al general Smuts, el hombre que le había encarcelado varias veces en Suráfrica. Invitado de honor del rey-emperador Jorge V y de la reina Mary, tomó el té en el palacio de Buckingham.

LA SOLIDARIDAD DE LOS HUMILDES

Además de importantes personajes e intelectuales de la época, Gandhi quiso conocer a los obreros de las fábricas textiles algodoneras de Lancashire, a quienes su campaña de boicot en la India había dejado sin empleo. En contra de lo esperado, los obreros textiles acogieron con cariño al Mahatma y le brindaron todo su apoyo. Pero el gobierno de Gran Bretaña no cejó en su empeño de ignorar la reivindicación de independencia en la Conferencia.

Mientras los ciudadanos brindaban emotivos homenajes al abogado hindú que había estudiado en sus escuelas y que llegaba en olor de multitudes vestido con extrema sencillez, sus dirigentes se debatían en largos debates que nada tenían que ver con su objetivo.

UNA SOLA INDIA

Preocupada por la división existente entre hindúes, musulmanes, sijs y parsis, Londres pretendía dar derechos especiales y un régimen electoral separado a cada una de las minorías.

Gandhi, que defendería una sola India para todos hasta el día de su muerte, se negó a admitir el desmembramiento del país que los colonizadores proponían. Esa división entre comunidades religiosas entristecía al Mahatma, convencido de que, a pesar de las diferencias, podían aprender a convivir. Para entonces, la idea del Pakistán aún no había visto la luz.

Finalizada la segunda Conferencia de la Mesa Redonda sin ningún acuerdo, Gandhi realizó una breve gira por Francia, Suiza, e Italia, país en el que se negó a ser huésped de Mussolini. El 28 de diciembre de 1931, tres meses y medio después de su partida, llegó a Bombay, «con las manos vacías», donde fue recibido calurosamente por miles de ciudadanos.

EN MANOS DE LOS BRITÁNICOS

El 4 de enero de 1932, ocho días después de su clamorosa llegada, el mismo gobierno que le había recibido en Londres con el afán de negociar le encarceló de nuevo en la prisión de Yeravda, junto a Nehru y otros dirigentes del Partido del Congreso.

La situación no podía ser peor, el nuevo virrey de la India, lord Willingdon, en un vano intento de sofocar las esperanzas independentistas había prohibido las asociaciones políticas y recortado las libertades. Treinta días después, más de 60.000 presos políticos llenaban las celdas de las cárceles británicas. Para consolar a sus compañeros de prisión, Gandhi les recordó que «bajo un gobierno injusto, cualquier buen ciudadano debería estar en la cárcel».

En esta ocasión estuvo preso dieciséis meses, hasta mayo de 1933. Siguiendo su costumbre, la estancia en la cárcel le dio la oportunidad de descansar, meditar, hilar y escribir.

AYUNO HASTA LA MUERTE

La libertad sería muy corta, pues tres meses después fue nuevamente detenido y condenado a un año de cárcel. Fue en la prisión de Yeravda donde se enteró de que la nueva Constitución del país quería instituir regímenes electorales separados para cada comunidad religiosa y otro distinto para los intocables.

Como primera medida, envió una carta al virrey informándole que no permitiría la segregación de los intocables del resto del pueblo hindú: «Quiero que tocables e intocables se fundan en un abrazo fraternal. Es lo que más deseo, lo que me hace vivir y aquello por lo que moriría feliz. Considero que cien vidas ofrecidas en aras de esta noble causa no serían más que una pobre expiación de los hindúes por todas las atroces injusticias infligidas a esos hombres y mujeres indefensos. Si tuviera algo más que ofrecer, lo pondría, para hacer desaparecer este oprobio, en la balanza. Pero sólo tengo mi vida... Yo creo que si la intocabilidad se extirpara realmente, no solo el hinduismo se habría purificado de una terrible mancha, sino que también la repercusión de este acto sería mundial. Mi combate contra la intocabilidad es un combate contra lo impuro de la humanidad. Por eso estoy convencido de que los mejores de la familia humana vendrán en mi ayuda».

Ante lo inevitable, el Mahatma recurrió otra vez a su más poderosa arma, el ayuno hasta la muerte. El país entero oró con su Bapu.

El castigado cuerpo de este hombre de 64 años acusó con rapidez la carencia de alimento. A los siete días de ayuno, su gravedad era tal que las autoridades excarcelaron a Kasturbai, detenida en las redadas del año anterior, y le permitieron quedarse indefinidamente en la celda del preso.

EN EL LÍMITE DE LA VIDA

Cuando el líder de los intocables, el doctor Ambedkar –un jurista que prefería la dominación británica a la hindú–, permitió que el estatuto electoral de los intocables se presentase junto con el de los hindúes, Gandhi aceptó su primer alimento: un zumo de naranja que, solícita, le preparó la paciente Kasturbai.

Al día siguiente, y temiéndose lo peor, el virrey devolvió la libertad al Mahatma. Ese mismo día, y por primera vez en la historia, los templos hindúes abrieron sus puertas a los intocables que deseasen rezar en ellos y las mujeres de todas las castas ofrecieron personalmente dulces y alimentos a los *haridjans*, los otros hijos de Dios.

COMO PADRE E HIJO

Tras conseguir la no segregación de sus queridos haridjans, Gandhi volvió a separarse de la política por un tiempo, dejando la dirección del Partido del Congreso a Jawaharlal Nehru, veinte años más joven que él y a quien consideraba como a un hijo.

La entrañable relación entre Gandhi y Nehru –a quien Mahatma llamaba cariñosamente Jawahar, la joya de la India– no estuvo exenta de inevitables discusiones y desavenencias. La causa de estas desavenencias radicaba en que Nehru soñaba para su país con una democracia parlamentaria regida por las leyes de la economía socialista y en conseguir, en pocos años, que la India pudiera competir en el mundo tecnológico de Occidente.

Gandhi, por su parte, seguiría defendiendo a ultranza la agricultura y la recuperación de los trabajos manuales con el fin de autoemplear y autoabastecer a la multitud de seres hambrientos. La angustiosa miseria de los millones de personas que se hacinaban en las principales ciudades significaba la perpetuación de una pobreza para la que no encontraba salida. Por eso veía como una solución el retener a los campesinos en sus pueblos ofreciéndoles empleos manuales que les asegurasen las necesidades básicas y un futuro algo mejor.

Con excepcional sentido común, Gandhi siempre advirtió de una nueva forma de esclavitud, la que nacería cuando los países económicamente subdesarrollados pretendieran competir con los del mundo desarrollado. Y no se equivocó.

EL HOMBRE DE LA ROSA

Jawaharlal Nehru, hijo del prestigioso jurista Motilal, y también conocido en su país como el «hombre de la rosa en la solapa», por sus refinadas costumbres y elegantes maneras, no dudó en cambiar sus ropajes de brahman, la casta superior en la que había nacido, por el khaddaz, el sencillo y humilde traje blanco confeccionado con el rústico khadi, vestimenta que llevaría hasta su muerte, acaecida en 1964.

Nacido en la aristocrática Cachemira –el estado más rico de la India y por el que las recién nacidas India y Pakistán independientes se enfrentarían en una aniquiladora guerra– Nehru había cursado estudios de derecho en Gran Bretaña. Continuador de la obra de su padre, se dedicó a luchar por la causa que en un futuro se convertiría en la gran obra de su vida, la independencia de la India. Gran admirador de su querido Bapu, a quien consideraba su gurú político, pasó nueve años en las cárceles británicas.

EL RENCOR DE UN HIJO

Recuperando su costumbre de escribir a diario y comunicarse así con sus compatriotas, Gandhi fundó en 1933 el semanario *Haridjans*, medio de expresión en el que expuso sus ideas y reflexiones. La publicación alcanzó tal éxito que unos años después se editaba simultáneamente en diez lenguas locales.

A través de sus artículos, Gandhi profundizó en el conocimiento de sus compatriotas. Sin embargo, y a pesar de sus esfuerzos, nunca encontró el verdadero camino para llegar a Halilal, su primogénito tras la muerte del primer hijo, fallecido a los pocos días de nacer. Fue en esa época cuando la tensa y difícil relación que mantenía con él se rompió inevitablemente.

UNA ESPINA EN EL CORAZÓN

Halilal reprochaba a su padre el no haber tenido nunca tiempo para dedicarle, y por despecho se convirtió al islamismo. Alcohólico incurable y de voluntad débil, Gandhi renegaría públicamente en varias ocasiones de su propio hijo, quien llegó a presentarse embriagado y tambaleante al entierro de su madre.

Halilal –que se hacía llamar Mohammed Gandhi– acabó sus días sumido en la miseria y falleció en un hospital, alcohólico y tuberculoso, pocos meses después de la muerte del padre.

Como confesaría en sus memorias, la gran frustración personal del Mahatma fue su fracaso en el papel de padre. Siempre mantuvo una magnífica relación con los pequeños. Le encantaba su compañía y de hecho, a lo largo de su vida, adoptó a varios niños, entre los que se contaba a Lakshmi, una huérfana intocable.

Adoptó también a su secretario y, en 1925, a Madeleine Slade, la hija de un almirante británico y primer comandante en jefe de la escuadra de las Indias del Este, quien durante todo un año se preparó –aprendiendo a hilar y ayunando– para poder estar cerca del hombre al que tanto admiraba.

Gandhi bautizó a su fiel discípula con el nombre de Mirabehn.

RUPTURA CON EL PARTIDO DEL CONGRESO

A principios de 1934, abandonó el Partido del Congreso profundamente decepcionado. Dimitió de su cargo directivo y se impuso un nuevo año de silencio político.

Durante diez meses recorrió el país haciendo campaña en favor de los haridjans y predicando la pedagogía popular, con los temas que tanto le interesaban: los perjuicios del alcohol, los matrimonios infantiles o las normas necesarias para la salud de las personas y las aldeas. Entabló una particular cruzada contra la total falta higiene, a la que consideraba responsable de la elevada mortalidad. Por ello combatió la antigua y habitual costumbre de escupir en las calles: «Si los hindúes escupiéramos todos al mismo tiempo, podríamos formar un lago lo bastante profundo como para ahogar en él a 300.000 británicos», repetía incansablemente.

Y aunque seguía de cerca todos los acontecimientos políticos, se negaba a intervenir. Su silencio se mantuvo incluso cuando en 1935 Gran Bretaña transfirió algunos poderes más a los dirigentes hindúes.

Y cuando finalizó sus viajes por las miserables aldeas de su querida tierra, fundó la «All India Village Industries Association», centro dedicado a fomentar la autosuficiencia de las aldeas. También trasladó el *ashram* de Ahmedabad a Sevagram, un pueblo de la India central cercano a Wardha.

PARODIA DE LIBERTAD

Dos años más tarde, en 1937, se convocaron unas elecciones generales en las que el Partido del Congreso obtuvo una aplastante mayoría. Nueve de un total de once ministros eran congresistas.

Jocosamente, Gandhi, que no compartía la línea que seguían sus discípulos del Partido del Congreso, comentó: «A partir de ahora los carceleros permiten que los presos elijan personalmente a sus guardianes».

A la vez que entró en vigor la nueva constitución, también recordó a los ministros congresistas su obligación de solucionar la miseria de su pueblo.

Ese mismo año Birmania se separó de la India, recibiendo el *status* de colonia británica.

Al año siguiente Gandhi emprendió, en compañía de su gran amigo y compañero de cárcel, Ghaffar Khan un viaje a pie por las montañas en que vivían los pathanes, una tribu de feroces y sanguinarios guerreros musulmanes.

GANDHI, APÓSTOL DE LOS POBRES

SEGUNDA GUERRA MUNDIAL

Cuando en 1939 estalló la Segunda Guerra Mundial, el Partido del Congreso condenó la invasión nazi en Polonia, ofreciendo ayuda militar a Gran Bretaña a cambio de la independencia.

Gandhi, totalmente contrario a la participación de la India en la guerra, reiteró su ruptura con un partido que no creía en sus ideales de no violencia.

Cuando los periodistas le recordaron en una entrevista que en la Primera Guerra Mundial no sólo había brindado su apoyo al Imperio, sino que además había reclutado soldados, Gandhi, respondió humildemente: «He evolucionado de una verdad a otra».

A su decepción por la falta de ideales de los que habían sido sus discípulos y viejos compañeros de viaje, se le sumó el horror de la barbarie que Hitler estaba infligiendo a la población judía del mundo entero. En septiembre de 1939, el mismo mes en que estalló la guerra,

Gandhi envió una carta a Hitler pidiéndole la paz: «Es evidente que actualmente es usted el único ser humano en la tierra que puede evitar una guerra que convertiría a la humanidad en un montón de basura. Si éste es el precio, ¿compensa el pago?».

A LAS ÓRDENES DE BAPU

Winston Churchill, quien, con arrogancia, no dudaba en repetir: «No he llegado a primer ministro del rey para presidir la liquidación del Imperio británico», respondió con una negativa a la propuesta de Nehru de colaboración militar a cambio de libertad. Cumpliendo órdenes de Londres, el virrey incluyó a la India en los preparativos bélicos sin consultar a los parlamentos, por lo que los nueve ministros congresistas presentaron su dimisión. Ante este nuevo obstáculo, Nehru rogó a su querido Bapu que le orientase sobre el camino que cabía seguir. Gandhi aceptó la reconciliación advirtiendo que todas las medidas que emprendiera iban a moverse siempre dentro de los límites de la no violencia y la no cooperación y que tanto él como sus ministros deberían aceptarlas sin condiciones.

En octubre de 1939, Gandhi inició su primera campaña de desobediencia civil contra la guerra. Los partidarios de la no violencia y él mismo recorrieron miles de pueblos para explicar a sus ciudadanos la razón de la no cooperación. Miles de pacifistas y seguidores del Mahatma fueron encarcelados.

LA INDIA EN GUERRA

A partir de 1941 los acontecimientos se precipitaron. Tras la entrada de Estados Unidos en la Segunda Guerra Mundial, la situación de la India corría un claro peligro.

Los ejércitos unidos de la Alemania nazi y Japón habían conseguido conquistar Hong-Kong, Singapur, Java, Sumatra y Birmania. La guerra estaba muy cerca de las fronteras de la India.

Winston Churchill, enfrentado a las reivindicaciones del pueblo hindú y reacio a mermar el poder colonial británico, fue, sin embargo, una de las personalidades políticas que mejor valoró la dimensión humana de Gandhi, con quien entabló un diálogo singularizado por el rigor y la fluidez.

Churchill, presionado por el presidente estadounidense Roosevelt, ofreció a la India la promesa de concederle el Estatuto de Dominio cuando la guerra acabase, admitiendo como medida de gracia la liberación de todos los presos políticos.

En 1941, Gandhi volvió a escribir a Hitler, pero la carta fue retenida por las autoridades británicas. Simultáneamente, y fiel a sus ideas sobre la no violencia, escribió a los presidentes de los países aliados para reprocharles que combatiesen al enemigo con las mismas armas.

EL DESCONSUELO

La guerra apenó profundamente a aquel anciano de 72 años. Aferrado a su pacifismo radical pero sin dejar de ver la trágica realidad, exclamó: «Si pudiera existir jamás una guerra justificable para la humanidad, sería una guerra contra Alemania para impedir el insensato aniquilamiento de toda una raza».

Dentro de su nueva campaña de desobediencia civil, en agosto de 1942 el Partido del Congreso aprobó una resolución propuesta por el Mahatma, y que sería conocida como la «Quit India Resolution» (¡Fuera de la India!). En ella se exigía la independencia, llamando a todo el pueblo a iniciar una lucha masiva con métodos no violentos y que debería ser dirigida por Gandhi. Por ello, el comité pidió formalmente a su líder que aceptara la dirección nacional. Días después, en medio del sofocante calor de un teatro de Bombay, Gandhi lanzó este llamamiento: «Quiero la libertad inmediatamente, esta misma noche, antes del amanecer si es posible. Vamos a liberar la India o a morir, pero no viviremos para ver perpetuarse nuestra esclavitud».

EN UNA JAULA DE ORO

El virrey respondió rápidamente a ese mensaje cargado de pasión deteniendo a Gandhi y a los dirigentes del Partido del Congreso. Por respeto a su edad, el Mahatma fue encarcelado en el suntuoso palacio que el Aga Khan poseía en las cercanías de Yeravda. Una cárcel de lujo para un hombre que con el paso de los años había conseguido renunciar prácticamente a todo.

Kasturbai, su fiel esposa y compañera, también fue detenida cuando acudía a un mitin, siendo trasladada al penal de mujeres.

La detención del Mahatma provocó la ira de las masas, y en un mes la violencia desatada contabilizó los siguientes destrozos: quinientas oficinas de correos, doscientas cincuenta estaciones de ferrocarril y otras tantas líneas telegráficas, además de numerosos puestos de policía fueron salvajemente atacados y reducidos a cenizas. La dureza represiva provocó las quejas de Gandhi, quien desde su encierro envió una carta al virrey reprochándole la brutalidad de su gobierno y anunciando un ayuno de 21 días como protesta.

EL ADIÓS A BA

Pero el ayuno no logró contener la violencia. Encerrado en su lujosa cárcel, Gandhi meditó y reflexionó sobre los nuevos pasos que había que seguir.

A principios de 1944, tras año y medio de reclusión, Kasturbai enfermó gravemente de una bronquitis aguda. Las autoridades permitieron que la enferma fuese trasladada, junto a su marido, quien se encargó de sus cuidados. Siguiendo su propia concepción de la medicina natural, el Mahatma no permitió que inyectaran penicilina a su mujer, el único antibiótico capaz de remitir la enfermedad. Seis semanas más tarde, el 22 de febrero, Kasturbai, la Ba (madre) de la India, falleció en las rodillas de su querido esposo, quien exclamó: «No me puedo imaginar vivir sin Ba».

Kasturbai, su niña-esposa durante sesenta y dos años, ya no le acompañaba: «Kasturbai y yo no formamos una pareja ideal ni existe una completa identidad de ideales entre nosotros. Quizás ella no perciba que tiene ideales independientes de los míos. Pero frecuentemente, muchas de mis actitudes no cuentan con su aprobación. Y si bien existe una gran diferencia intelectual entre nosotros, siempre he tenido la impresión de que nuestra vida estaba llena de alegría, felicidad y progreso». Este cálido homenaje, hecho en vida de Kasturbai, la madre de sus cinco hijos, reflejaba la cordial y cariñosa relación que reinaba entre los esposos.

Hacía sólo unas semanas que otra pérdida había llenado de dolor el corazón del anciano de quien las tragedias se habían convertido en compañeras inseparables: Mahadev Desai, su secretario e hijo adoptivo, había fallecido prematuramente.

ENFERMO DE TRISTEZA

Su vida cotidiana en la cárcel apenas varió. Su autocontrol parecía mantener en su lugar la tristeza por las dos muertes; sin embargo, algunas semanas después, Gandhi cayó gravemente enfermo.

Churchill, temeroso de que la muerte del Mahatma en una cárcel británica acrecentara aun más la gloria del viejo «faquir», ordenó su excarcelación. El 4 de mayo de 1944, afectado de malaria y con una grave disentería producida por amebas y terriblemente abrumado por la muerte de su Kasturbai, inició en libertad una lenta recuperación. Éste sería el último encierro de su vida.

A sus 74 años, Gandhi había pasado en prisión más de seis años. En total, 2.338 días: 249 en África del Sur y 2.089 en la India.

LOS AÑOS DEL DOLOR

Al finalizar la guerra, el Partido Laborista –partidario del desmembramiento del Imperio y de la independencia de todas las colonias– se hizo cargo del gobierno británico.

Algunas semanas más tarde del triunfo electoral, una comisión viajó hasta la India para iniciar las negociaciones sobre la independencia y el traspaso de poderes.

A partir de ese momento empezarían los peores años para Gandhi, porque su enemigo ya no eran los británicos, sino un obstinado e intolerante compatriota, siete años menor que él, llamado Mohammed Alí Jinnah y líder de la Liga Musulmana. Durante años Jinnah formó parte del Partido del Congreso defendiendo la unión de hindúes y musulmanes, pero con el tiempo su objetivo político se volcó en la realización de un sueño personal: la construcción del primer estado islámico del mundo, al que bautizaría con el nombre de Pakistán. El sueño de Jinnah destruyó todas las esperanzas del Mahatma. La India sería un país libre, pero profundamente roto en sus mismas entrañas.

EL PAÍS DE LOS PUROS

El proyecto de crear un estado musulmán autónomo había nacido diez años antes en Gran Bretaña, en una casa de campo de Cambridge. Era el 28 de enero de 1933, y su autor, un universitario hindú musulmán, Rahmat Alí, redactó cuatro folios en los que expresaba que la idea de que la India constituía una sola nación era una absurda falacia. En ese documento, Alí reclamaba la unión de todas las provincias del noroeste de la India, de mayoría musulmana, y la formación de un nuevo país que no estuviese bajo dominio hindú.

El nombre propuesto para ese estado era el de Pakistán, país de los puros (formado por las iniciales de los cuatro estados Penjab, Afgan, Kashmir (Cachemira) y Sind (invirtiendo las dos primeras letras y transformándose en «is») más la palabra «Tan» que significa «tierra»).

Pero para su construcción sería necesario que dos estados, Punjab y Bengala, fueran divididos y millones de personas, tuvieron que abandonar las tierras de sus antepasados.

LA REALIDAD DE UNA AMENAZA

Reunidos en Simla Gandhi, Nehru y Jinnah, el líder de la Liga Musulmana, con lord Wavell, penúltimo virrey, Jinnah se negó a formar parte de un gobierno provisional con los Congresistas. No olvidaba fácilmente la intransigencia de los dirigentes hindúes del Partido del Congreso, quienes tras su victoria electoral en 1937, se negaron a hacer la menor concesión política a sus rivales musulmanes. En protesta por no haber considerado su plan de partición, Mohammed Alí Jinnah, un rico abogado que, como Gandhi, había estudiado derecho en Londres, convocó un día de acción directa: «O provocaremos la división de la India o provocaremos su destrucción», advirtió a modo de amenaza.

Nadie, ni siquiera Gandhi –que en el palacio de Jinnah y durante dieciocho días seguidos intentó convencerle de la tragedia que supondría la partición de la India– pudo imaginar tanto horror y crueldad. El virrey acusó también al líder musulmán del fracaso de las negociaciones.

Dos líneas políticas y antagónicas se perfilaban: el Partido del Congreso, una fuerza nacional que reunía en su seno a miembros de todas las religiones, y la Liga Musulmana, un partido exclusivamente religioso.

LUTO EN LA CIUDAD DEL INFIERNO

La fecha elegida fue el 16 de agosto. Ese día, el mundo entero pudo comprobar con ojos atónitos cuán profundo era el odio que enfrentaba a las dos comunidades religiosas más importantes de la India.

El infierno, se decía, era haber nacido intocable en los suburbios de Calcuta. En el amanecer del 16 de agosto, grupos de fanáticos musulmanes salieron aullando y armados hasta los dientes, respondiendo al llamamiento de la Liga Musulmana, la declarada «jornada de acción directa». Su finalidad era demostrar a los dirigentes británicos e hindúes que estaban dispuestos a conquistar su propio estado, aunque tuviera que ser a la fuerza.

La ciudad entera se convirtió en un enorme incendio. Los fanáticos musulmanes quemaron una gran cantidad de chabolas en los barrios de los intocables de Calcuta y asesinaron a todos los hindúes que se cruzaban en su camino. Espesas columnas de humo negro se avistaban por todos lados.

Pocas horas después, en venganza, fueron los hindúes quienes exterminaron a todo musulmán que encontraban a su paso.

SED DE VENGANZA

En un solo día se contabilizaron más de 6.000 muertos, y Calcuta quedó a merced de las bandadas de buitres que esperaban pacientemente su festín tras la tragedia. Esa jornada provocó una espiral imparable de violencia en los dos bandos. Mientras los musulmanes perpetraban nuevas matanzas en el distrito de Noakhali (Bengala), los hindúes sumían en el terror a los habitantes musulmanes de Bihar (una de las provincias más pobres de la India, acosada constantemente por la peste y el hambre que causaban las inundaciones y las sequías extremas) asesinando en pocos días, con idéntico salvajismo que sus enemigos, a más de diez mil personas. Las autoridades británicas contemplaban con recelo el plan de Jinnah, pero su prioridad fue detener, del mejor modo posible, el clima de guerra civil que se vivía en todo el país. La ansiada independencia anunciaba más problemas de los que nadie, ni siquiera los británicos, podían prever. Conscientes de que no deseaban la responsabilidad del aumento de la violencia que convertía a la India en una bomba a punto de estallar, el gobierno de Londres aceleró el proceso negado y retrasado durante tanto tiempo. Si cinco años atrás el movimiento independentista representaba sólo una molesta espina, en 1946 les urgía deshacerse de esa conflictiva colonia en donde los muertos se contaban cada día por millares.

EN UN PAÍS SOMETIDO

En septiembre de 1946, y a instancias del virrey de la India, Nehru fue nombrado primer ministro de una India todavía no libre. Se iniciaba, así la primera parte del traspaso de poderes, que culminaría, en fecha no lejana, con la independencia del país.

Por expreso deseo de Gandhi, Nehru no accedió al cargo hasta que Jinnah, de forma oficial, se negó a aceptarlo. El intolerante líder musulmán no tenía interés alguno en gobernar un país con mayoría de hindúes.

El discípulo preferido de Mahatma Gandhi fue, tras la renuncia de su adversario, el elegido para llevar las riendas del país en un momento histórico.

Gandhi, que nunca dejaba que lo urgente le hiciera olvidar lo importante, envió una carta a Nehru, ya instalado como primer ministro, para recordarle sus compromisos como congresista, esto es, la abolición de la intocabilidad y la unión de las comunidades hindúes y musulmanas.

SU VOZ INTERIOR

A finales de diciembre de ese año manchado de sangre inocente por la intolerancia y el odio, Gandhi escuchó su voz interior. Convocó a sus discípulos y les comunicó que iba a emprender una peregrinación de penitencia a través de las castigadas aldeas del distrito de Noakhali, donde unas semanas antes los musulmanes se habían cobrado la vida de miles de personas.

La fecha fijada para el viaje fue el 1 de enero de 1947. Aquel anciano triste y fatigado de 77 años eligió como compañía cuatro discípulos y a Manu, su joven sobrina nieta a quien cariñosamente llamaba «mi muleta».

Manu preparó una bolsa con las pertenencias del Mahatma: hilo y aguja, un cuenco de barro, una cuchara de madera, lápiz y unos cuantos sobres usados de papel. En otro hatillo de tela, junto con los libros sagrados (Bhagavad Gita, Corán, Práctica y Preceptos de Jesús y una selección de pensamientos judíos) puso también un pequeño grupo escultórico de marfil del que Gandhi nunca se separaba, y que reproducía a tres monos, uno con las orejas tapadas, otro con los ojos tapados y el último, que cierra la boca con la mano, los cuales representaban los tres secretos de la sabiduría: «No escuches el mal, no veas el mal, no digas el mal».

LA HISTORIA, UNA TELA DE ARAÑA

El mismo día en que el anciano Mahatma inició su viaje, en Londres, el rey Jorge VI pidió formalmente a su primer ministro, Clement Attlee, que fijase el día para la definitiva salida de la corona de la India. Por casualidad o coincidencia, el 1 de enero de hacía setenta años, su bisabuela, la reina Victoria, había sido proclamada emperatriz de aquel legendario país en una llanura próxima a Nueva Delhi y ante la presencia de los maharajás.

Gandhi viajó hasta la aldea bengalí de Srirampur, en el distrito de Noakhali, una de las regiones más inaccesibles de la India a causa de su laberinto de pantanos e islotes perdidos en un delta formado por dos ríos, el Ganges y el Brahmaputra. Noakhali tenía dos millones y medio de habitantes, un 80 % de los cuales eran musulmanes.

En siete semanas, y caminando descalzo en señal de mortificación y penitencia, recorrió 185 kilómetros y visitó 47 aldeas.

LA PAZ, PENDIENTE DE UN HILO

En todas las aldeas Gandhi repetía siempre el mismo ceremonial. Se dirigía a la cabaña de un musulmán y pedía su hospitalidad, y si éste le rechazaba buscaba el hogar de otro musulmán y vivía del escaso alimento que le ofrecían sus anfitriones.

Y para restablecer la paz en las aldeas divididas inventó un método que resultó eficaz: buscaba en cada una de ellas un responsable hindú y uno musulmán dispuestos a escuchar su mensaje.

Los convencía para que vivieran juntos, bajo el mismo techo. Y luego les hacía jurar un voto solemne en caso de nuevos desacuerdos y matanzas: el jefe de la comunidad que había tomado la ofensiva emprendería un ayuno a muerte hasta conseguir restablecer la paz.

A pesar de conseguir restablecer la antigua armonía, el Mahatma sabía a ciencia cierta que ésta era muy frágil. Continuamente, durante este difícil viaje, sus detractores y los partidarios de la violencia y las armas llenaban su camino con cristales rotos y todo tipo de excrementos. Sin permitir que ningún discípulo lo hiciera por él, Gandhi dejaba de lado su bastón de bambú y con la rama de una palmera, barría el camino hasta hacerlo transitable.

LÍO DE FALDAS

Tras visitar todas las aldeas de Noakhali, Gandhi tuvo que enfrentarse a un asunto que hizo correr ríos de tinta, escandalizó a millones de hindúes y desorientó a muchos de sus incondicionales seguidores. Tenía 77 años y todo un pueblo dudaba y desconfiaba del Mahatma, atribuyéndole un «asunto de faldas».

Desde hacía aproximadamente un año, Gandhi dormía al lado de su sobrina-nieta Manu. La decisión formaba parte de un experimento casi científico para la filosofía del Mahatma. En una de sus muchas conversaciones, Manu le confesó que nunca había experimentado ningún tipo de emoción sexual. Para alguien como Gandhi, que toda la vida había combatido contra el impulso del sexo, Manu era el ideal que tanto había buscado: porque el espíritu del auténtico soldado de la no violencia debía estar por encima del sexo. Y Manu parecía ser ese soldado.

MEZQUINAS OFENSAS

Gandhi había pedido permiso a su joven sobrina-nieta para ponerla a prueba, y ella aceptó. Si los dos eran sinceros, él con su juramento de castidad y ella con el de la pureza podrían dormir juntos sin peligro.

Gandhi era consciente de que su cuerpo, el de un anciano escuálido, haría desaparecer en la muchacha todo rastro de deseo.

Huérfana desde muy pequeña, Manu había sido criada y educada por Kasturbai, quien la consideraba como una hija. Junto con Abha, una prima suya, se convirtió en el bastón de Gandhi. Cariñosamente, el

La persona del ínclito pacifista, incómoda para muchos gobernantes y buena parte de la nobleza, que tenía la mirada puesta en Europa, fue objeto de airadas críticas y crudas calumnias, como la que le vinculaba sentimentalmente a su sobrina Manu, que aparece en la fotografía junto a un venerable Gandhi.

Mahatma las llamaba «mis muletas» porque se apoyaba en los hombros de una u otra.

Este inocente experimento fue divulgado de la manera más ofensiva (el deseo de un viejo por una joven) por algunos adversarios del Mahatma. Cuando los periódicos se hicieron eco de los rumores, Gandhi decidió afrontar el problema en el transcurso de una oración pública, y respondió abiertamente a todas las acusaciones, llamándolas «murmuraciones de malas lenguas».

Sin embargo, y siguiendo el consejo de sus allegados, Manu se abstuvo de acompañarle en algunos de los viajes. Era el único modo de no acrecentar los rumores de quienes acechaban buscando fisuras humanas en la espiritual vida del famoso anciano.

EL PADRE DE LA NACIÓN

EL FIN DE UNA ÉPOCA

Uno de los fines de la vida de Gandhi, la independencia de su país del yugo británico, sembraría su corazón de dolor para siempre. Porque ese objetivo largamente esperado lograba ocultar y absorber el verdadero sentido de sus creencias sobre la no violencia. Sus compatriotas no habían comprendido la doctrina fundamental de su vida, «paga bien por mal».

El 24 de marzo de 1947, Louis Mountbatten juró el cargo como nuevo y último virrey de la India en una fastuosa ceremonia. Nieto de la reina Victoria, le había tocado, en una suerte de misterioso destino, ser el encargado de prescindir de la joya de la corona y devolvérsela a sus auténticos dueños, los hindúes. En la ceremonia de coronación también estuvieron presentes los dirigentes del Partido del Congreso y Nehru, el primer ministro de una India todavía sometida. Todos ellos llevaban el famoso gorro blanco, signo de unión de los combatientes por la independencia. Al día siguiente, diversos enfrentamientos entre hindúes y musulmanes causaron 99 muertos en Calcuta. Y esa misma semana, en las calles de Bombay se encontraron cientos de cadáveres cruelmente mutilados.

UNIDOS POR EL ODIO

La violencia formaba ya parte de la vida cotidiana y política del país. La convivencia armónica entre las diferentes comunidades religiosas parecía rota definitivamente.

La India, el país espiritual por excelencia, había errado en su camino quedando sólo espacio para el salvajismo y la locura.

Una semana después de su investidura, el nuevo virrey agilizó los contactos con los implicados en la futura independencia del país. Cuando le tocó el turno a Gandhi, lord Mountbatten puso a disposición del entrañable anciano un avión privado que le trasladaría desde Bihar, donde se encontraba en un intento de restablecer la paz, hasta Delhi, la residencia del virrey. El Mahatma declinó su ofrecimiento y prefirió viajar en tren, en tercera clase, como era su costumbre. Cuando llegó a la entrevista, Gandhi estaba sumido en una profunda tristeza.

EL TIEMPO ROBADO

El abuelo de la India explicó al representante de la corona británica que algún pasajero del tren le había robado su viejo Ingersoll, un reloj de bajo precio que siempre llevaba atado a la cintura con una cuerda: «Para consagrar cada minuto a la vida de Dios, es necesario saber la hora», se justificó.

Ese reloj, que seis meses más tarde le fue restituido por un desconocido, causándole una gran alegría, era uno de sus bienes más preciados. Porque la puntualidad, para Gandhi, era una religión, y el tiempo, su obsesión: «Cada minuto de la vida es un don de Dios que debe ser consagrado al servicio del hombre», había repetido en varias ocasiones.

Gandhi escuchó atentamente la propuesta del virrey. Contrario a la partición de su país en dos estados, y para preservar la unidad, sugirió lo siguiente: «En lugar de dividirla, dé la India entera a los musulmanes. Coloque a los trescientos millones de hindúes bajo la dominación musulmana, encargue a Jinnah que forme gobierno y transmítale la soberanía de Gran Bretaña».

LA NOBLEZA DE UN CORAZÓN ANCIANO

Mountbatten se estremeció ante el desprendimiento de aquel «pobre gorrioncillo» –como afectuosamente le llamaba en la intimidad de su casa– que antes que la partición estaba dispuesto a aceptar que una minoría de cien millones de musulmanes gobernasen sobre trescientos millones de hindúes. Era una oferta generosa pero prácticamente inviable. El virrey pidió permiso a Gandhi para discutir su sugerencia con el Partido del Congreso, capitaneado por Nehru.

Antes de que Mountbatten citase al primer ministro para discutir la noble pero poco realista propuesta del Mahatma (la idea de ofrecer el país en bandeja a sus adversarios se ajustaba a sus principios de tolerancia), Gandhi convocó a los dirigentes del Partido del Congreso a una reunión en la ruinosa casa en la que se alojaba en Delhi, en la Banghi Colony, el barrio de los intocables de la capital.

DOS HERMANOS FRENTE A FRENTE

Gandhi se obstinó en evitar la partición porque conocía la verdadera esencia de los hindúes. No en vano había recorrido todo el país y convivido durante años con en la realidad social de sus habitantes. Sabía bien lo que les preocupaba, ansiaban o temían. Sabía que la división no sería pacífica, sino que se convertiría en una matanza gigantesca que enfrentaría a vecinos de una misma aldea.

Tanto Nehru como el propio Jinnah, instigador de una de las mayores matanzas de la historia, desconocían el alto grado que las pasiones religiosas podían alcanzar entre las masas indias. Educados en Europa y poco conocedores de los sentimientos de sus conciudadanos, creían que sus pueblos reaccionarían con tolerancia a la partición. La reacción de los dirigentes del Partido del Congreso –aquellos hombres a los que Gandhi había formado y colocado en los puestos de mando del partido consideraron una locura dejar un gobierno musulmán al frente de la India independiente– acabó con las esperanzas del Mahatma, quien con pesar, musitó: «Vamos a desgarrarnos mutuamente en las entrañas mismas de la madre que nos lleva».

EL CARO PRECIO DE LA LIBERTAD

El abuelo de la India reparó en el difícil futuro que se cernía sobre todos. La unidad del país parecía poco menos que imposible, pero su partición, además de causarle un inmenso dolor, «porque todos somos hijos de la misma madre», no iba a ser la solución.

Si la unidad a la fuerza (contra el deseo de los musulmanes) podía hacer renacer la violencia de los radicales, la partición a la fuerza (contra el deseo de los hindúes) sumiría a los verdaderos protagonistas del acontecimiento en una tragedia de desconocido alcance. Tanto una propuesta como la otra tendrían un denominador común: el aumento de la violencia y el abismo entre dos comunidades hermanas.

El 4 de junio, Gandhi acudió a la llamada del último virrey de la India –quien, a diferencia del anterior, sentía un gran cariño y admiración por el viejo luchador de la paz–, el cual le comunicó que todos los dirigentes –los del Partido del Congreso, la Liga Musulmana y la comunidad sij– habían aceptado la partición del país en dos: la India hindú y el Pakistán musulmán.

LA RUEDA DEL DESTINO

En esta ocasión, el destino no quiso facilitar el difícil camino que le esperaba a aquel inmenso y pobre país en su acceso a la Independencia. La tragedia que devastaría a las dos comunidades se hubiera podido evitar.

El líder de la Liga Musulmana, de 71 años, estaba gravemente enfermo de tuberculosis pulmonar. Él conocía bien su destino. A lo sumo

Nehru, un político formado en Europa, no siembre acertó a entender la mentalidad de sus conciudadanos. La India requería un trato cimentado en la tradición, que respetaba las castas y que tenía en sus moradores la herencia de las escrituras védicas. Las diferencias con Gandhi fueron frecuentes si nos atenemos a que éste no aceptó que su pueblo se ahormara bajo un gobierno que trataba de imponer un modelo occidental.

le quedaban unos meses de vida, pero nada ni nadie, y mucho menos una enfermedad, iban a impedir que el sueño de su vida, Pakistán, se convirtiese en una realidad.

El altivo Jinnah prohibió que el médico difundiera la noticia, y la radiografía que confirmaba la gravedad de su estado se guardó en una caja fuerte. Jinnah sospechaba que, de saberlo, sus adversarios Gandhi y Nehru conseguirían que el virrey aplazara la fecha en que la India pasaría a ser un país libre.

Nadie conocía el secreto que posiblemente hubiera ahorrado muchas vidas y odios. Ni siquiera las propias hijas de Jinnah, como reconocerían años más tarde.

El primer presidente del Pakistán falleció el 11 de septiembre de 1948, siete meses después de que Gandhi fuera asesinado, dejando tras de sí muerte, pobreza y desconsuelo.

EL DIFÍCIL DIVORCIO

Mountbatten mandó preparar un plan de partición para enviarlo a Londres. En él se daba a cada una de las once provincias hindúes y a los 565 estados principescos la opción de integrarse en el Pakistán o en la India.

El 3 de junio de 1947, el primer ministro británico Clement Attlee dio a conocer al parlamento británico el plan que dividía definitivamente la India en dos estados.

El Punjab y Bengala serían las dos provincias que sufrirían con mayor dureza la operación que acallaría la intolerancia de Jinnah. Porque aunque sus poblaciones eran mayoritariamente musulmanas, vivía también en ellas un importante número de hindúes. En el Punjab, por ejemplo, 16 millones de musulmanes compartían su vida con 15 millones de hindúes y 2 de sijs.

Y aunque los habitantes de esa poblada y fértil provincia profesaban religiones distintas, todos compartían lengua y tradiciones. Por el contrario, en Bengala (más poblada que Gran Bretaña e Irlanda juntas), sus 65 millones de habitantes (35 millones de hindúes y 30 de musulmanes) no tenían en común ni lengua, ni cultura ni tradiciones.

UN PAÍS CON DOS CABEZAS

La división no iba a ser fácil. Existía el problema añadido de la distancia, ya que entre el Punjab y Bengala, las dos provincias que formarían el País de los puros, había más de 2.000 kilómetros de territorio hindú sin ningún tipo de comunicación ferroviaria, lo que condenaba al futuro Pakistán a ser un estado con dos cabezas.

El Punjab, la «Tierra de los cinco ríos», era la perla de la India. Con una extensión similar a la mitad de Francia, era una provincia fértil gracias a la gigantesca red de canales de riego que los británicos habían construido durante los dos siglos de colonización, transformando esa región en el granero de la India.

Por su parte, Bengala, abandonada por los dioses, estaba continuamente asolada por devastadores monzones que la convertían en un enorme pantano, donde sólo era posible cultivar dos cosas: arroz (por los hindúes) y yute (por los musulmanes). La única riqueza de Bengala –de idioma y raza diferentes de los del Punjab– residía en la superpoblada Calcuta, su capital, una auténtica metrópoli industrial y el primer puerto de Asia.

Otros tantos millones de musulmanes vivían desperdigados por el resto de la India, por lo que la tarea de reagruparlos se convertiría en un conflicto racial que no tardaría en aflorar.

EL MAYOR ÉXODO DE LA HISTORIA

Cuando el nieto de la reina Victoria anunció oficialmente el día de la independencia, fijado para la noche del 14 al 15 de agosto de 1947, miles de personas iniciaron los preparativos para abandonar sus tierras y llegar al otro lado de una inexistente frontera.

Con el fin de salvaguardar la fragilísima paz y controlar los estallidos de violencia, el último virrey advirtió a los futuros mandatarios de los dos países –Nehru y Jinnah– que no conocerían el trazado de sus fronteras hasta el 16 de agosto, un día después de la independencia.

Desde primeros de julio hasta mediados de septiembre, más de doce millones de personas, en uno de los mayores éxodos de la historia, recogieron sus escasas pertenencias –animales, herramientas de trabajo y poco más– y abandonaron sus casas. Gandhi sabía que las víctimas inocentes de esta convulsión fratricida y asesina eran campesinos analfabetos, ignorantes de que la India había sido conquistada por los británicos e indiferentes a las luchas políticas por la independencia. Los hindúes huían del futuro Pakistán, y los musulmanes, de la futura India.

BUSCANDO NUEVAS TIERRAS

Los refugiados tuvieron que recorrer a pie hasta 400 y 500 kilómetros, bajo un sol infernal. Muy pronto el calor –aquel fue el mes de julio más caluroso y seco del siglo–, el hambre, la falta de agua, las enfermedades y el miedo provocaron innumerables incidentes, convirtiéndose a las pocas horas en crueles matanzas.

Las noticias que llegaban, sobre todo del Punjab, auguraban un final trágico. Gandhi exigió desplazarse con Nehru a la castigada tierra del norte para visitar a los primeros refugiados sijs e hindúes. Más de 30.000 personas se hacinaban en un centenar de tiendas.

TRABAJANDO POR LA VIDA

Mahatma estuvo varios días intentando llevar un poco de consuelo y poner orden en el campamento. Enseñó a los refugiados a cavar letrinas, creó un dispensario y ayudó a los lesionados. Nehru, destrozado por las cifras que no reflejaban la realidad de muertos y heridos, rompió a llorar.

Semanas antes de la independencia de los dos países, los funcionarios hindúes y británicos habían trabajado sin descanso para repartir las posesiones de 400 millones de compatriotas. Gran Bretaña liquidaba su aventura colonialista quedando deudora de cinco mil millones de dólares, una cifra astronómica para la década de los cuarenta. Tras laboriosas negociaciones se decidió que el 17,5 % del dinero estatal de los bancos sería para Pakistán, y el resto para la India. Por su parte, Pakistán contraía el deber de asumir el 15,5 % de la deuda nacional hindú. Los bienes materiales se repartieron en la siguiente proporción: 80 % para la India y 20 % para el Pakistán.

LA ALEGRÍA Y EL DOLOR

Desde hacía varios años, Gandhi había acostumbrado a sus seguidores a reunirse diariamente con él –excepto los lunes, su día de silencio– para rezar. A las cinco en punto de la tarde, independientemente del lugar en que se encontrase, iniciaba su oración pública. A esas citas, se podía asistir libremente, porque el Mahatma acogía a todos por igual.

Además de leer algunos párrafos del Gita, el Corán o la Biblia, explicaba a quien quisiera escucharle, con la misma pasión con la que defendía la no violencia o la no cooperación durante sus campañas de desobediencia civil, otros temas no menos importantes para conocer su visión de la vida. Desde los valores nutritivos del arroz integral a la maldición de la bomba atómica o la necesidad de combatir el estreñimiento. Nada escapaba a su curiosidad, adquirir conocimientos era proporcionalmente igual a su necesidad de enseñarlos.

Al Mahatma Gandhi le gustaba compartir con los suyos cada nuevo aprendizaje. Recetaba tratamientos naturales para luchar contra diferentes enfermedades, disertaba sobre las ventajas de la continencia sexual o sobre las injusticias del imperialismo. El día 14 de agosto, unas horas antes de que la India fuera declarada una nación independiente, a las 5 en punto de la tarde, su habitual hora de oración, Gandhi pronunció estas proféticas palabras: «A partir de mañana quedaremos libres del yugo de Gran Bretaña. Pero a partir de esta noche, la India se encontrará dividida. Mañana será un día de fiesta, pero también un día de duelo.»

A MEDIANOCHE, LA LIBERTAD

A las once de la noche del 14 de agosto, Jawaharlal Nehru, primer ministro de la India independiente, habló así sus conciudadanos: «Hace muchos años, establecimos una cita con el destino y ha llegado el momento de cumplir nuestra promesa... A medianoche, cuando los hombres duerman, la India despertará a la vida y a la libertad. Se aproxima el instante, un instante rara vez ofrecido a la historia, en que un pueblo sale del pasado para entrar en el futuro...».

Poco después, la bandera de la India libre, naranja, blanco y verde con la rueda antigua del emperador Asoka, fundador del primer Imperio hindú, y que representa la rueda del orden cósmico enmarcada por una pareja de leones que simbolizan la fuerza y el valor, sustituía a la del Imperio. La propuesta de Gandhi de que la rueca de hilar figurase en la bandera como el símbolo de los pobres no fue aceptada.

RISAS Y LÁGRIMAS

A primeras horas de la mañana del día 15, declarado Fiesta Nacional, Gandhi abandonó el *ashram* de Sodepur y se trasladó a la ciudad de Calcuta, con el fin de prevenir la posible violencia en la ciudad del infierno.

Mientras el país entero mostraba su alegría, el sabio anciano se negó a participar en los festejos. Durante todo el día ayunó y rezó. También escribió algunas cartas, en especial a los ministros de Bengala y el Punjab: «A partir de hoy, van ustedes a llevar una corona de espinas. Desconfíen del poder: el poder corrompe. No se dejen engañar por los fastos y sus oropeles. Acuérdense de que trabajan para servir a los pobres de los pueblos de la India. Que Dios les ayude».

Para Gandhi la ansiada independencia supuso una de las decepciones más duras de su vida, tras treinta y dos años de luchas y esfuerzos. Sin embargo, seguía confirmándose en sus cinvicciones: «Cada día estoy más convencido de que la naturaleza humana es la misma en todas partes, sin importar la tierra que se pisa o el cielo que se contempla y de que cuando uno se acerca a los hombres con confianza y afecto, recibe estos mismos sentimientos quintuplicados».

LA DESAZÓN DE UN ANCIANO

Cuando le comunicaron los violentos sucesos de Amritsar y Lahore, musitó profundamente apenado: «Temo que no sabremos conservar la libertad que hoy hemos ganado».

Millones de personas invadieron las calles de las grandes ciudades para festejar el día de su libertad. Una nación nueva nacía herida por los viejos problemas del mundo.

La alegría tenía también su reverso, pues ese mismo día un tren entero lleno de cadáveres de sijs e hindúes llegó a la estación de Amritsar, la ciudad sagrada de los sijs (Punjab). En el último vagón podía leerse la siguiente inscripción: «Regalo de independencia para Nehru».

Horas más tarde, Lahore, capital del Punjab, ardía en llamas. Los musulmanes habían cortado el agua de los barrios hindúes y sijs. Durante las semanas siguientes la violencia se convertiría, al igual que en las precedentes, en la auténtica protagonista de la historia de los dos países recién nacidos. Todo ello abatía y entristecía progresivamente a Mahatma.

UN PAÍS PARTIDO EN DOS

Fue el 16 de agosto cuando, en sobre cerrado, el ya ex virrey de la India entregó a los dos primeros ministros de los países independientes las fronteras de sus nuevos estados.

En la ciudad de Bengala la línea divisoria condenaba a cada una de las partes a la ruina económica. Mientras el 85 % de la producción de yute crecía en el Pakistán, no había una sola fábrica de transformación en su territorio.

Por su parte, la India disponía de centenares de fábricas, pero sin yute. Lo mismo sucedía con los canales de riego, que tenían las compuertas de alimentación en un país y su red de distribución en otro.

Las ensangrentadas Lahore y Amritsar, distantes entre sí algo más de 40 kilómetros, quedaron en poder de diferentes países. Lahore, capital del Punjab, estaba enclavada en territorio paquistaní y Amritsar en la India, cortando por la mitad las tierras de los sijs.

«EN LA INDIA, HOY, CORREN RÍOS DE SANGRE»

Un delirio homicida recorría todo el país. En sólo seis semanas, la India se vio sumergida en un baño de sangre de dimensiones asombrosas: «En la India, hoy , corren ríos de sangre. He visto centenares de muertos y, lo más espantoso de todo: los miles de hindúes sin ojos, sin pies, sin manos. Raros son los que tienen la suerte de morir de una bala», escribió en su crónica el corresponsal del *New York Times*. La división del país causó no menos de un millón de muertos.

EL NACIMIENTO DE UN VIEJO PAÍS

Constituido el Pakistán, la patria de los musulmanes, el nuevo estado de la India quedaba con una población cercana a los 320 millones de habitantes: 200 millones de hindúes, 70 de intocables, 33 de musulmanes que se habían negado a abandonar la tierra de sus antepasados, 7 de cristianos, 6 de sijs, 100.000 parsis y unos 25.000 judíos. En total, 15 idiomas oficiales y 845 dialectos.

Sus tierras, que apenas daban de comer a la población, guardaban en el subsuelo casi la cuarta parte de las reservas mundiales de hierro porque la industria siderúrgica no rendía lo suficiente. Del rebaño de vacas más importante del mundo –unos 200 millones de cabezas vagaban a lo largo y ancho del país– 40 millones no daban apenas ni un litro de leche al día, y otras tantas servían como animales de tiro arrastrando carros y arados.

«HASTA QUE CALCUTA RECUPERE EL SENTIDO COMÚN»

Los estallidos violentos no cesaban, sobre todo en Calcuta, considerada desde siempre una de las ciudades más violentas del país. Bapu, el padre a quien sus sanguinarios hijos no prestaban atención, se encerró en el silencio para hallar una solución: «No percibo ninguna luz en la impenetrable noche. Los principios de verdad, de amor y de no violencia que me han sostenido durante cincuenta años parecen desprovistos de las cualidades que yo les había atribuido. Ruego por la luz. Busco en lo más profundo de mí. Sólo el silencio puede ayudarme».

Tras dos días de dolorosa meditación, anunció el 2 de septiembre el inicio de un ayuno hasta la muerte y «hasta que Calcuta recupere el sentido común». Por primera vez en su vida, ayunaba para frenar la locura en la que habían caído sus compatriotas, y no contra los británicos.

Desde las primeras horas de la huelga de hambre, su ritmo cardíaco empezó a ser muy irregular. Cientos de policías y oficiales británicos se unieron solidariamente al ayuno del Mahatma sin abandonar su trabajo. Su acción produjo efectos inmediatos.

Los ciudadanos de Calcuta acogieron con sorpresa el sacrificio personal de aquel anciano que no había dudado en castigar su maltrecho y debilitado organismo para expiar una culpa que no había cometido.

Una comitiva le rogó que pusiera fin a la huelga. Gandhi, muy debilitado, respondió: «Prefiero morir inmediatamente antes que veros caer en la locura».

LA FUERZA DE UNA PROMESA

Los líderes de las comunidades musulmana, sij e hindú fueron a ver al Mahatma explicándole que los problemas estaban bajo control, y que la violencia y las crueles matanzas habían cesado. Gandhi les pidió que escribieran la promesa y la firmaran.

Cuarenta y ocho horas más tarde, a las 9,15 horas del día 4 de septiembre, puso fin a su ayuno.

Más de cien mil personas abarrotaron una céntrica plaza de Calcuta para dar las gracias al único hombre que había podido contener la violencia en la ciudad más brutal del mundo.

Con un hilo de voz, a duras penas podía hablar, Gandhi susurró: «Calcuta posee hoy la llave de la paz en la India. El menor incidente que se produzca aquí puede originar repercusiones incalculables en otras partes. Aun cuando el mundo se abrasara, debéis hacer que Calcuta quede fuera de las llamas».

Su deseo, en un mundo que parecía haber perdido todo indicio de racionalidad, fue respetado.

Cuando pocos días después, el Punjab se vio envuelto en sangrientas revueltas y en una ola de asesinatos, la provincia de Bengala mantuvo la promesa hecha al Mahatma.

El reconocimiento más ferviente a la actitud de aquel sufrido y generoso anciano lo hizo Mountbatten, quien, a petición del propio Gandhi y de Nehru, aceptó, en esos difíciles tiempos, el cargo de gobernador general del país: «En el Punjab tenemos una fuerza de cincuenta y cinco mil soldados y violentos disturbios a los que hacer frente. En Bengala, nuestra fuerza de intervención se compone de un solo hombre, y no hay disturbios».

EL CUMPLEAÑOS MÁS TRISTE DE SU VIDA

Finalizada su misión en Calcuta, Gandhi expresó el deseo de ir a Delhi, ciudad en la que miles de refugiados habían tomado las calles y donde los brotes de violencia estallaban a cada paso. El 9 de septiembre llegó a la capital del país.

Se instaló en Birla House, la casa de un parsi, un rico industrial textil a quien Gandhi conocía desde hacía muchos años. El barrio de intocables, en el que siempre solía alojarse, la Bhangi Colony, había sido literalmente invadido por los refugiados hindúes y sijs, provenientes del Punjab.

Sobreponiéndose a la extrema debilidad en que le había sumido su último ayuno, visitó a diario los campos de refugiados, prestando su apoyo y sus conocimientos para la construcción de letrinas o la organización del dispensario.

El 2 de octubre de 1947, fecha de su 78 cumpleaños, todas las naciones del mundo hicieron llegar sus felicitaciones a un entristecido Mahatma. Su secretario, Pyarelal Nayar, confesó que el viejo corazón de Gandhi se hallaba henchido de pena. Su única respuesta fue: «Rogad a Dios para que los enfrentamientos acaben o que él me acoja en su seno. No quiero que un nuevo aniversario me sorprenda en una India en llamas».

CACHEMIRA, ¿CON QUIÉN?

El regalo de cumpleaños de Gandhi fue un nuevo disgusto: Cachemira, el rico estado que no había querido someterse ni al dominio de la India ni al del Pakistán, había sido invadida por centenares de guerreros de las tribus paquistaníes, los pathanes, unas de las más temidas del país.

Desde el día después de la independencia, cuando se supo que el maharajá no se había pronunciado aún sobre su adhesión a uno u otro país, Cachemira supuso un problema añadido a la ola de violencia que arrasaba el país.

Las dos naciones se disputaban la soberanía de ese reino, cuya importancia estratégica –al estar situado en medio de cuatro países, India, China, Tibet y Pakistán– lo convertía en un tesoro codiciable. El sueño del caprichoso maharajá de convertir sus tierras en un reino independiente, precipitó la tragedia.

Ante la inesperada invasión, el maharajá pidió ayuda a Nehru, firmando así la adhesión de su reino –en el que vivía una aplastante mayoría musulmana, superior al 70 %– a la India libre.

Jinnah declaró la guerra a la India, y hasta que el asunto no se llevó, en 1948, ante la ONU –uno de los problemas irresolutos del mundo, junto con Palestina– el país quedó dividido: el valle de Cachemira y su capital, Srinagar, pasaron a dominio de la India, mientras que el Pakistán controlaba una pequeña región montañosa del norte. Cachemira es, desde entonces, un trozo de tierra en pugna entre los dos países.

«QUE LA VENGANZA NO INVADA VUESTROS CORAZONES»

En diciembre de 1947 nuevos estallidos de violencia, entre sijs y musulmanes, brotaron en Panipat, una pequeña ciudad situada a 90 km de Nueva Delhi. Los sijs, la comunidad más perjudicada por la partición, mataron a todos los musulmanes que osaban salir a la calle.

Gandhi, avisado de lo que sucedía, acudió a la llamada de urgencia. En pocas horas calmó a una exaltada multitud sólo con la razón de sus palabras. «No dejéis que el espíritu de la crueldad y de la venganza invada vuestros corazones».

A su regreso a Delhi exigió a los dirigentes de la India independiente, antiguos compañeros de lucha, el deber de cumplir las promesas hechas en su día, así como la necesidad de evitar la corrupción en la administración. Por último, les recordó su obligación ética de no despilfarrar el dinero en banquetes y comidas entre políticos, cuando más de cuatro millones de refugiados se morían de hambre.

Tolerante con todo lo relacionado con los sentimientos, el anciano Mahatma aplicaba una estricta rigidez moral al ámbito económico, base de las desigualdades que tanto le desesperaban.

LA DESHONRA DE UNA NACIÓN

Hombre de honor por encima de todo, no comprendía las razones de Nehru al negarse a entregar al Pakistán los 550 millones de rupias que le correspondían, según las negociaciones, del erario estatal.

El primer ministro de la India independiente Jawaharlal Nehru aducía que el pago no se haría efectivo hasta que Pakistán –un país en bancarrota y con las arcas vacías– abandonase las tierras ocupadas de Cachemira.

Para el anciano profeta de la paz, las promesas, una vez hechas, no tenían más objetivo que el de ser cumplidas. Y juzgaba como un acto deshonroso para la nación que sus discípulos se negaran a dar al Pakistán lo que le correspondía.

Mientras Mahatma Gandhi discutía pacientemente con sus antiguos compañeros de lucha, solicitó a Birla, el industrial textil, que le organizase una visita al Pakistán, territorio que estaba prohibido para los hindúes.

Si había conseguido, en parte, que la aversión de los hindúes hacia los musulmanes de la India disminuyese, quería hacer lo mismo en Pakistán, para que los partidarios de la religión de Mahoma respetasen a los seguidores de Visnú.

Cuando Birla le advirtió del grave peligro que corría adentrándose en territorio musulmán, afirmó tajante: «Nadie puede acortar mi vida un solo minuto. Pertenece a Dios».

EL ÚLTIMO AYUNO DE UN HOMBRE BUENO

Tras varios días de reflexión, el anciano Mahatma anunció a las 12 del 13 de enero de 1948 que en ese momento había empuñado la única arma a su alcance para cambiar los designios de la historia: otro ayuno hasta la muerte. Esta vez, sin saberlo, iba a ser el último. Aunque la tensión dominaba la vida cotidiana de Delhi, las agresiones entre las distintas comunidades religiosas habían cesado.

Ni discípulos ni amigos entendieron los motivos de la nueva penitencia. «¿Qué quiere Bapu ahora?», se preguntaban: «Los hindúes, sijs y musulmanes deben decidirse a vivir en paz en este país, como hermanos», obtuvieron por toda respuesta.

A la mañana siguiente, Gandhi inició su vida de acuerdo con su costumbre. Se levantó a las cuatro de la madrugada, entonó sus oraciones y escribió algunas cartas en sobres gastados y con lápiz, como solía. Pero en pocas horas, su salud se resintió gravemente, la tensión arterial ascendía y descendía de manera irregular, los riñones se resentían...

«NO OS ATORMENTÉIS POR MÍ»

Al día siguiente surgieron nuevas complicaciones: los análisis indicaban una elevada tasa de acetona. Lord Mountbatten, admirador de aquel tozudo anciano, anuló todas las cenas y recepciones en respeto a los sufrimientos por los que Gandhi atravesaba.

Nehru y sus ministros acordaron entregar inmediatamente al Pakistán los 550 millones de rupias, para «poner fin a los sufrimientos físicos del alma de la nación».

Esa misma tarde, Gandhi intentó hablar a la multitud congregada alrededor de la casa, y apenas se le pudo escuchar. Su voz reflejaba sus pocas energías: «Ocupaos de la patria y de su necesidad de fraternidad. No os atormentéis por mí. El que ha nacido en este mundo no puede escapar a la muerte». El día 16, al cuarto día de ayuno, tuvo una insuficiencia cardíaca, y la joven médico encargada de su vigilancia redactó el primer parte anunciando el estado crítico del Mahatma. Una nación de cientos de millones de personas empezó a estar pendiente de las noticias. La radio emitía, hora a hora, las últimas novedades.

En solidaridad con el Mahatma, los empleados de correos escribieron en todos los sobres: «Salvemos la vida de Gandhi, seamos todos hermanos en la paz». Varios refugiados se unieron al ayuno.

UN PUEBLO QUE REZA Y ESPERA

Los almacenes y las tiendas, las escuelas y universidades, las oficinas y las fábricas cerraron en señal de respeto.

Con enorme esfuerzo, escribió en un papel que la solícita Manu leyó a la multitud: «Dejaré de tener el menor interés en esta vida si la paz no vuelve a nosotros, en toda la India y en todo el Pakistán. Ése es el sentido de mi sacrificio».

En la mañana del quinto día, el escueto parte médico decía: «Es nuestro deber informar a la nación que debe adoptar sin demora todas las medidas necesarias y cumplir las condiciones exigidas para poner fin al ayuno del Mahatma Gandhi». El anciano de 78 años se debatía entre la vida y la muerte, el delirio y la lucidez.

Gandhi, que en otras ocasiones había saboreado las mieles de un triunfo fácil, no se dejó engañar por la apariencia de que lo que pedía ya se lo habían concedido.

Su voluntad y sacrificio estaban centrados en un único y poderoso objetivo: que la reconciliación y la paz volvieran a aquella castigada tierra regada con la sangre de tantos inocentes. Esto es lo que quería, ni más, ni menos.

Devdas, el menor de sus hijos, le pedía en una emotiva carta que renunciase a su sacrificio porque «lo que tu vida puede conseguir, no lo podrá conseguir tu muerte». Pero se equivocaba, pues tan sólo unos días después la historia demostraría que lo que el Mahatma no pudo tener en vida, sí lo consiguió su muerte. A partir del 30 de enero de 1948 cesaron para siempre las matanzas religiosas, aunque no la tensión y el malestar, en todas las aldeas y pueblos de la India.

UN EJEMPLO DE VIDA Y TOLERANCIA

En uno de sus momentos de lucidez mandó redactar a su secretario las condiciones que exigía para poner fin a su ayuno. Eran siete –de las cuales las principales eran las siguientes: la restitución de 117 mezquitas a los musulmanes, convertidas en templos hindúes y sijs; fin del boicot a los comercios musulmanes; seguridad para todos los viajeros– y debían ser firmadas por todos, incluidos los ultrarradicales nacionalistas hindúes.

Más de 100.000 personas se congregaron en la plaza de la Gran Mezquita de Delhi para exigir a sus dirigentes que aceptaran las condiciones de Gandhi.

Nehru respondió afirmativamente al clamor popular: «Hay en la tierra de nuestra patria algo grande y vital capaz de engendrar un Gandhi. Ningún sacrificio es demasiado para salvarle, pues sólo él puede conducirnos hacia el verdadero objetivo y no al alba engañosa de nuestras esperanzas».

A las 11 de la mañana del 18 de enero, séptimo del ayuno, un comité por la paz, formado por representantes de todas las religiones, le entregó a un exhausto y comatoso Mahatma el acuerdo firmado por todos, garantizando la paz para las dos comunidades: «Os pido que consigáis que la India entera recupere la paz. Si la India no cambia, todas vuestras promesas no habrán sido más que una farsa, Y sólo me quedará morir. Antes prefiero la muerte que asistir a la destrucción de la India, del hinduismo, del sijismo y del islamismo», susurró.

Poco después aceptó su primer alimento (un vaso de leche de cabra y cuatro naranjas). Esa tarde, y sostenido por sus fieles Manu y Abha, intentó hilar en su rueca, para dar obstinado ejemplo de su creencia: «El pan obtenido sin trabajo es pan robado».

EL VIAJE QUE NUNCA FUE

El mismo día 18, Jinnah, presidente de Pakistán, anunció que estaba dispuesto a recibir a Gandhi, su viejo adversario político, en la nueva patria de los musulmanes. Por fin el sueño de Gandhi iba a convertirse en realidad. En cuanto recuperase fuerzas, informó, recorrería a pie la dolorida tierra del Punjab. Se trataba de un sueño, porque Gandhi nunca pisaría la tierra por la que su corazón lloraba.

Su lema preferido: «El hombre propone, y Dios dispone», se interpondría de forma definitiva en su camino. Mahatma Gandhi no vería amanecer el 3 de febrero, la fecha prevista para el viaje al Pakistán.

Dos días después de finalizar el ayuno, el 20 de enero, nacionalistas hindúes –los mismos que sólo dos días antes habían firmado las condiciones exigidas por Gandhi y que luego acabarían con la vida del Mahatma– lanzaron una bomba sobre el frágil anciano, que estalló lejos y no le causó daños.

De ideología nazi, y defensores de la superioridad del hinduismo, los militantes del RSSS le consideraban un traidor por su defensa en los últimos meses de la comunidad musulmana y por obligar con su «chantaje» a pagar los 550 millones de rupias a los enemigos paquistaníes. Habían jurado matarle.

EL ÚLTIMO DÍA DE SU VIDA

Como todos los días, el 30 de enero el Mahatma dio un largo paseo por el jardín de Birla House para fortalecer las piernas y afrontar el reto de recorrer las tierras del Pakistán.

La noche anterior había estado trabajando en la redacción de la nueva constitución del partido del Congreso, su testamento político. Para el Mahatma la política no estaba alejada de la vida, sino que era, debía ser, su reflejo: «Para contemplar cara a cara el espíritu de la verdad uno debe ser capaz de amar la menor expresión de la creación como a uno mismo. Y un hombre que aspira a eso no puede permanecer fuera de cualquier manifestación de la vida. Por ello, mi devoción por la verdad me llevó al campo de la política; y puedo afirmar sin el menor asomo de duda, y por supuesto con toda humildad, que aquellos que sostienen que la religión nada tiene que ver con la política no conocen el significado de la religión.»

En su charla matinal con sus fieles seguidores pronunció estas proféticas palabras: «Si todos los que ahora me escucháis caminarais hacia la paz por el sendero de la no violencia, me iría de este mundo muy satisfecho, aunque muriera abatido por la violencia de los fusiles.»

Había recibido la visita de su viejo amigo Patel, quien compartía con Nehru la responsabilidad del gobierno del país. Patel había presentado la noche anterior su carta de dimisión a Nehru y buscaba el consejo de su anciano y sabio amigo. Gandhi le convenció de que era de vital importancia para la India que los dos gobernantes se entendieran y se esforzaran en colaborar, dejando a un lado las diferencias que los separaban. En compañía de Patel comió su frugal cena (leche de cabra, verduras crudas y cocidas y un budín de frutas).

LA MUERTE DE UN MITO

A las cinco y diez en punto, y ante el aviso de la fiel Manu de que llevaba diez minutos de retraso con respecto a su hora de oración habitual, se dirigió a la plaza de la plegaria, en la que se habían congregado unas 500 personas. Entre los asistentes se hallaba el extremista Nathuram Godsé, de 37 años, el hombre que había jurado poner fin a la vida del anciano traidor, el mismo por el que diez años antes había sido encarcelado al seguir sus consignas de pacifismo y desobediencia civil.

El asesino de Gandhi simuló una reverencia hindú –las manos unidas en actitud de rezo–, sacó una pistola y disparó tres tiros en el pecho del Mahatma, quien tras murmurar «Oh, Rama, Rama» (¡Oh, Dios!) se desplomó mortalmente herido sobre Singh, el estudiante sij al que diecisiete años antes había salvado la vida.

Cuarenta y cinco minutos más tarde, un comunicado por radio y televisión informó al pueblo de la India de la muerte del querido anciano: «El Mahatma Gandhi ha sido asesinado en Nueva Delhi esta tarde, a las 5,17 minutos. Su asesino es un hindú».

La noticia sumió a todo el país en la conmoción. Millones de mujeres paquistaníes, en un gesto tradicional de desesperación, rompieron sus brazaletes de vidrio.

El cuerpo de Gandhi fue llevado a la misma habitación en la que sólo unos minutos antes, había conversado con Patel mientras giraba su rueca de hilar. Nehru y Mountbatten llegaron poco después con el rostro desencajado por el dolor. Manu y Abha lloraban, silenciosamente, la muerte del anciano.

La muerte de Gandhi dejó en el pueblo hindú un sentimiento de desamparo. Su doctrina pacifista fue el mejor legado para unas gentes acostumbradas a la hostilidad y a la injusticia. La fotografía muestra el cadáver de Gandhi, cubierto de flores e incienso, a usanza de la tradición.

El secretario del fallecido Mahatma, Nayar, expresó la última voluntad de su querido maestro: la de ser incinerado, según la tradición hindú, en el transcurso de las veinticuatro horas siguientes a su fallecimiento.

EL LLANTO DE UN PAÍS

Jawaharlal Nehru, con la voz rota por la pena y lágrimas en sus ojos, informó por radio a toda la nación: «La luz ha desaparecido de nuestras vidas y todo es ya tiniebla. No sé qué deciros ni cómo hacerlo. Nuestro amado jefe, al que llamábamos Bapu, el padre de la nación, ya no está entre nosotros. Ya no podremos acudir a él para que nos enseñe y nos consuele. Es un terrible golpe. He dicho que la luz se ha extinguido, pero no es cierto. La luz que ha brillado sobre este país no era una luz corriente. Dentro de mil años continuará resplandeciendo. El mundo la verá, pues traerá consuelo a todos los corazones. Esta luz representaba algo más que el presente inmediato. Representaba la vida y las verdades eternas, recordándonos el camino recto, protegiéndonos del error, conduciendo a nuestro viejo país hacia la libertad». Ese mismo día, espontáneamente, todos los habitantes del país ayunaron como muestra de su dolor. Ningún fuego, ninguna hoguera –en las que los más humildes preparaban su cena– iluminó el cielo. Todas las emisoras de radio nacionales difundieron sólo las noticias referentes a la vida del Mahatma, así como los cánticos y oraciones preferidas de Gandhi. El periódico «Hindustan Standard» le dedicó un emotivo homenaje: en la portada, enmarcada por una gran orla negra, rezaba un único mensaje escrito con grandes letras: «Gandhiji ha sido asesinado por su propio pueblo, para cuya redención vivió. Esta segunda crucifixión en la historia del mundo ha tenido lugar en viernes, el mismo día en que Jesús fue ajusticiado, mil novecientos quince años antes. Padre, perdónanos»

HASTA SIEMPRE, BAPU

Fueron sus hijos menores, Manilal, Ramdas y Devdas –los dos últimos se habían establecido años atrás en Suráfrica– quienes amortajaron el cadáver del anciano. Halilal, el mayor, no asistió oficialmente a los funerales por el padre muerto.

Louis Mountbatten, el último virrey de la India y autor de la declaración «está llamado a ocupar en la historia el mismo puesto que Buda y Cristo», se encargó de la organización del funeral, ordenando a los jinetes de la vieja guardia de los virreyes que rindieran homenaje póstumo al hombre al que Gran Bretaña humilló durante años.

Tal y como Mountbatten predijo, al amanecer, las calles de Delhi fueron literalmente invadidas por millones de personas, quienes vestidas de blanco en señal de duelo, asistieron a la ceremonia de la cremación ya que, por expreso deseo, Gandhi fue incinerado a orillas del río Juma.

Los restos mortales del Mahatma, envueltos en un sudario de khadi y completamente cubiertos de pétalos de rosas y flores de jazmín, recorrieron los ocho kilómetros –que separaban Birla House, su última residencia, de la pira funeraria– sobre una sencilla camilla de madera que fue colocada sobre un vehículo militar sin motor, tirado por doscientos cincuenta soldados de los tres ejércitos.

Cuando los restos mortales del Mahatma fueron llevados a hombros para recorrer los últimos metros que lo separaban del lugar elegido, la pira de Rajghat, la presión de la multitud hizo tambalear el escenario desde el que las autoridades de todo el mundo –incluido su gran adversario, Mohammed Alí Jinnah– y los hijos del Mahatma presenciaban el triste y solemne acontecimiento.

Ramdas Gandhi lanzó la antorcha a la pira y cientos de mujeres sollozantes se arrancaron los cabellos e intentaron lanzarse a la pira donde ardía el cadáver del anciano, cumpliendo con la ancestral costumbre de las viudas hindúes, de suicidarse junto al esposo muerto.

EN LAS AGUAS SAGRADAS DE LA INDIA

Diez noches después, Ramdas Gandhi, en compañía de sus hermanos Manilal y Devdas, Nehru, V. Patel, Manu, Abha y otros íntimos allegados, volcó las cenizas del Mahatma Gandhi en un lugar muy especial, cerca de Allahabad y centro sagrado del hinduismo, donde confluyen las aguas sagradas del Ganges y del Jamna, los dos grandes ríos de la India. Unas horas antes, la urna de cobre que contenía las cenizas del Mahatma habían llegado a Allahabad, situada a más de 600 kilómetros de la capital del país, en un tren compuesto especialmente por vagones de tercera clase. Más de tres millones de personas seguían la escena desde la orilla. Al lado de las cenizas flotaron grandes hojas llenas de flores, frutas y leche.

Los panegíricos que se escribieron tras su muerte, fueron tan nobles, como noble e incomprendida fue su vida.

Einstein, Premio Nobel de Física, escribió: «Gandhi ha demostrado que se puede reunir un poderoso séquito humano, no sólo mediante el juego astuto de las habituales maniobras y trampas políticas, sino también con el ejemplo convincente de una vida moralmente superior. Quizá las generaciones venideras duden alguna vez de que un hombre semejante fuese una realidad de carne y hueso en este mundo».

Y Nehru –el mismo que unos meses después, y a pesar de las peticiones de clemencia realizadas por los hijos de Gandhi, se negó a conceder el indulto al asesino y a los cómplices del Mahatma– escribió: «Este hombre pequeño, de escasa fuerza corporal, tenía la dureza del acero, algo de granito; no cedía ante fuerzas terrenales por grandes que fueran. Pese a su presencia física insignificante, al paño en torno a las caderas y al cuerpo desnudo, había en él una superioridad regia que forzaba a los demás a obedecerle espontáneamente.(...) Una de las facetas más notables de Gandhi era su capacidad de atraer a sus oponentes a su causa, o al menos, de desarmarlos. Infundió al pueblo indio valor y virilidad, disciplina y tenacidad, la fuerza para sacrificarse alegremente por una buena causa, con toda su modestia y también con orgullo.»

Millones de personas, vestidas de blanco en señal de duelo, invadieron las calles de Delhi para asistir a la ceremonia de cremación que por expreso deseo de Gandhi fue incinerado a las orillas del río Jamna

LA INDIA DESPUÉS DE GANDHI

UN CAMINO A OSCURAS

La muerte de Mohandas Gandhi conmovió al mundo entero. Pero sobre todo, dejó huérfanos e indefensos a cientos de millones de hindúes que se enfrentaron a su recién nacida independencia con una dura carga de pesar y dolor sobre los hombros. Porque tras la partición del país, en la breve pero monstruosa matanza entre hindúes y musulmanes, murieron no menos de un millón de personas. Un dato como ejemplo: pocas serían las familias del Punjab que no perdieron a un ser querido en esa insensata carnicería.

La frase «Sólo la verdad triunfa» fue elegida como lema de la India libre. Un homenaje póstumo a Gandhi, el hombre que nunca se cansó de repetir: «Cuando la verdad se muestra al hombre, reviste la apariencia de la no violencia. Porque la ley de la no violencia es la ley de la especie humana, y la violencia es la ley de los animales».

Tras el obligado y cruento éxodo, el Pakistán occidental se convirtió en un país habitado casi exclusivamente por musulmanes, mientras que en el Pakistán oriental una amplia comunidad de hindúes, más del 20 % del total de sus habitantes, decidió quedarse en las tierras de sus antepasados. También en la India permanecieron unos 50 millones de musulmanes –entre ellos la hija de Mohammed Alí Jinnah–, que se negaron a trasladar su residencia al recién constituido país de los puros.

LA UNIÓN INDIA

La responsabilidad del destino del inmenso país recayó sobre Jawaharlal Nehru, «la joya de la India» y uno de los discípulos más queridos del Mahatma. El Primer Ministro de la India independiente sirvió con devoción al Mahatma incluso cuando no estaba de acuerdo con sus métodos ni con sus ideas. Nehru, como él mismo afirmaría años después, aprendió de Gandhi la importancia de ser consecuente con las ideas, perfeccionando su pensamiento sobre una sociedad laica y socialista. A diferencia de su querido maestro, él no sentía la fe religiosa, verdadero motor de las obras del Mahatma.

Nehru recordó así a Gandhi en su propia autobiografía: «Se escribirá la vida de Gandhi, se discutirá y se le criticará, a él y a su obra. Pero para alguno de nosotros no será una imagen teórica, sino el personaje radiante y amado que supo ennoblecer y dar un sentido a nuestras pobres vidas y cuya desaparición nos ha dejado vacíos y solitarios. Me vienen al espíritu imágenes, vuelvo a ver a este hombre de mirada a menudo tan divertida, vuelvo a ver también un lago de infinita tristeza. Pero de todas estas imágenes, emerge aquélla, la más fuerte, del día que le vi, cayado en mano, ponerse en marcha hacia Dandi en busca de la sal. Él era el peregrino en busca de la verdad, tranquilo, apacible, resuelto, y sin miedo, cuya búsqueda y marcha continuarán pase lo que pase». Graduado en Cambridge, socialista universal, mensajero mundial de la paz y mediador entre el Este y el Oeste, Nehru concibió ambiciosos planes para la modernización de su pobre y superpoblado país.

No congeniaba con las ideas de su querido Bapu, quien consideraba firmemente que la única posible salvación de la India llegaría cuando su país lograra olvidar todo lo que habían aprendido y recibido de Europa en los últimos cincuenta años de su historia.

Pese a la distinta percepción de la realidad hindú que Gandhi y Nehru poseían, éste fue un activo pacificador y pieza fundamental a la hora de encaminar la independencia de la India, a la que ligó a pactos internacionales, tanto en su vertiente política como económica.

LAS RIENDAS DEL PAÍS

Nehru, a quien la muerte de Gandhi le supuso un enorme desconsuelo, consiguió pacíficamente abolir los grandes latifundios, propiedad de los maharajás y los nizams, repartiendo la tierra entre los campesinos, nacionalizando la banca, las compañías de seguros y la aviación. Su filosofía política y económica tenía básicamente una finalidad: paliar el subdesarrollo económico de su país, mediante la vía de la industrialización y de la técnica. Hasta el día de su muerte, acaecida el 27 de mayo de 1964, Nehru intentó dotar a su país de modernas estructuras industriales, creando numerosas fábricas, y desarrollando la producción agrícola.

En 1950, Nehru y el primer ministro paquistaní, Liaqat Ali Khan en un intento de cerrar la herida de la partición, que destrozó a millones de familias, firmaron un acuerdo sobre la protección de las minorías en sus respectivos países. Los dos estados iniciaron negociaciones para la devolución de las mujeres raptadas y sobre el control de los bienes abandonados por los fugitivos. En las negociaciones intentaron solucionar los desastres económicos que la partición del país había originado, dejando en una frontera los canales de riego y en la otra, las compuertas, así como el problema de la distancia entre las plantaciones de yute y las fábricas que lo manufacturaban. Tuvieron que pasar algunos años antes de que el tema no fuera un motivo de rencillas entre los dos países. Hasta 1960, la India y el Pakistán no llegaron a un acuerdo sobre la utilización de las aguas del río Indo, iniciándose a su vez las obras de regadío que beneficiarían a ambos países.

NEHRU, MENSAJERO DE LA PAZ

Ese mismo año, en 1950, entró en vigor la nueva constitución de la República de la Unión India, que no respetaba el testamento de Gandhi, contrarrestando la autonomía de los veintisiete estados federados con un fuerte poder central.

Jawaharlal Nehru fue uno de los hombres de Estado más respetados del mundo y principal arquitecto de la política de no alineación entre los bloques. Su teoría sobre la coexistencia pacífica y su papel de mediador en las grandes crisis mundiales atrajo las simpatías de todos los países subdesarrollados. En pocos años se convirtió en el líder de los países del Tercer Mundo, defendiendo la neutralidad. De ideología socialista, Nehru contó durante años con el apoyo de la URSS y de la China nacionalista, aunque en 1962 –cuando China invadió la frontera septentrional de la India– su confianza se resintió, ocasionándole una de sus más profundas desilusiones.

PREDICAR CON EL EJEMPLO

Hasta el día de su muerte, la vida personal de Nehru fue una demostración de las enseñanzas que el anciano Gandhi dejó en su vida. Renunciando a los lujos propios de los políticos, Nehru vivió humildemente, rechazando las escoltas que su cargo le imponía y conduciendo su propio coche. El khaddaz –traje blanco confeccionado con el rústico khadi indio– fue el uniforme de este hombre nacido en la aristocracia y que dedicó sus días, primero a luchar por la independencia de la India y luego, una vez conseguida, a mejorar la vida de sus habitantes.

Cuando falleció a los 75 años, una parte de las cenizas de Nehru, cumpliendo su deseo, fue dispersada desde una avión «sobre los campos en que trabajan los campesinos, a fin de que puedan mezclarse con el polvo de la tierra hindú y convertirse en parte inseparable de ella», mientras que otra parte se vertió en el Ganges, a su paso por Allahabad, en el mismo lugar donde dieciséis años antes él presenció la fusión de los restos de Gandhi con el río sagrado.

LORD MOUNTBATTEN

En junio de 1948, a los cinco meses de la muerte de su «querido gorrioncillo», lord Mountbatten dimitió de su cargo de primer gobernador general de la India independiente, abandonando el país por el que tanto cariño sentía.

En Gran Bretaña, fue nombrado jefe del estado Mayor de la Defensa nacional, retirándose en 1965. Cinco años antes, en 1960, su esposa Edwina –que dedicó el resto de su vida a paliar las necesidades de los más necesitados– había fallecido durante una expedición por Extremo Oriente.

Cuando la noticia de la muerte de Edwina Mountbatten llegó a la India, los miembros de las dos Cámaras del Parlamento se pusieron en pie en homenaje a su memoria, guardando un minuto de silencio.

Pero la relación de Mountbatten con la India, nunca se quebró. En 1964, regresó para asistir al funeral de su gran amigo Nehru. Por expreso deseo del discípulo de Gandhi, el nieto de la reina Victoria administró el Fondo Jawaharlal Nehru, creado por el Primer Ministro para facilitar a los hindúes la posibilidad de estudiar en Inglaterra.

En 1969 presidió en la catedral de Londres el centenario del nacimiento del Mahatma Gandhi. Diez años más tarde, el 29 de agosto de 1979, Lord Mountbatten falleció, víctima de un atentado con bomba perpetrado por el IRA.

HISTORIA DEL PAKISTÁN

El 11 de septiembre de 1948, Mohammed Alí Jinnah murió, a los 72 años, en Karachi, su ciudad natal, a causa de un cáncer de pulmón. Y sólo tres años después, en 1951, el Primer Ministro Liaqat Ali Khan fue asesinado.

Pakistán, el mayor estado musulmán del mundo después de Indonesia, sobrevivió con grandes dificultades a la difícil época que siguió a su creación. Mientras la India mantuvo intacta toda la estructura del gobierno creada por los años de la dominación británica, Pakistán tuvo que empezar a crear su centro de poder, organizar los diferentes ministerios y administrar los escasos recursos de un país pobre: uno de cada cinco paquistaníes era un refugiado. En 1956 y por un breve período fue proclamada la República islámica del Pakistán. Y dos años después, en 1958, un golpe de Estado militar dirigido por el mariscal

Ayub Khan, antiguo oficial del Ejército de la India, puso fin al régimen parlamentario, muy desacreditado por la corrupción política.

Tal y como veinticuatro años antes predijo lord Mountbatten, la constitución de un país con dos cabezas que nada tenían que ver entre sí ni en idiomas ni tradiciones, separadas por más de 1.000 kilómetros y sin ningún tipo de comunicación terrestre, desencadenó un lento pero constante conflicto entre el Pakistán oriental y el occidental.

En 1968, en el Pakistán oriental, unas elecciones parciales llevaron al poder a una mayoría comunista partidaria del régimen político instaurado en China. Ése fue el principio de un fin largamente anunciado.

NACIMIENTO DE BANGLA DESH

En 1970, unas nuevas elecciones dieron la victoria a la Liga Awami, el partido que propugnaba la autonomía del Pakistán oriental. Y en 1971 estalló una inevitable guerra civil en el Pakistán oriental, que era el que aportaba al estado central la mayoría de sus divisas, gracias a la exportación de yute.

Millones de refugiados se trasladaron a territorio hindú huyendo del avance de las tropas del ejército paquistaní. La India exigió el regreso de los refugiados y, tras numerosos encuentros fronterizos, declaró la guerra al ejercito paquistaní.

Tras una confrontación relámpago de dos semanas de duración, las tropas hindúes obligaron a capitular al ejército, y los bengalíes, liberados, aclamaron al ejército de la India. Oficialmente, en enero de 1972, el Pakistán oriental se convirtió en el estado de Bangla Desh (País de Bengala), un pequeño estado densamente poblado (75 millones de habitantes) y a quien la India le prestó durante varios años ayuda y apoyo económico.

De acuerdo con su constitución, Bangla Desh, el tercer estado nacido de la escisión de la India, es una democracia parlamentaria.

Ese mismo año, en Pakistán, se restableció un nuevo gobierno democrático bajo la dirección de Ali Bhutto.

EL PROBLEMA DE CACHEMIRA

El 1 de enero de 1949, un armisticio negociado gracias a la intervención de la ONU consiguió, de forma temporal, el alto al fuego y el fin de la guerra India-Pakistán sobre la soberanía de Cachemira. La mayor parte del estado quedó bajo el dominio de la India, mientras que el resto permaneció bajo protectorado paquistaní. En 1952, la India proclamó la integración de Cachemira en la Unión India, pero conservando, no obstante, un estatuto especial.

Pero los incidentes entre los dos países enfrentados, resurgieron cada cierto tiempo, y en 1965 la India y el Pakistán se enfrentaron en el campo de batalla por el dominio de Cachemira. La confrontación finalizó un año después, con la firma de un compromiso sobre la disputada tierra. La enemistad entre los dos países «nacidos de la misma madre», como dijo Gandhi, estalló en 1971 en una nueva guerra, la que convirtió el Pakistán oriental en Bangla Desh. Las continuas confrontaciones armadas empobrecieron más todavía a la India, un país acuciado por la extrema pobreza de la gran mayoría de sus habitantes. Los recursos necesarios para el desarrollo económico se desviaron a estériles gastos militares. En 1966, dos años después de la muerte de su padre, Indira Gandhi ganó las elecciones generales, convirtiéndose en Primer Ministro, y sólo ocho años después, en la primavera de 1974, en el desierto del Rajastán, la India hizo estallar una bomba atómica nacida de sus propios laboratorios, convirtiéndose así en la sexta potencia nuclear.

EL PODER DE LA RELIGIÓN

La India, en el transcurso de los años, no revivió los enfrentamientos religiosos que tiñeron de sangre su independencia. La muerte del Mahatma cerró ese ciclo cruento e intolerante que dividió en dos al país.

Templo de Raj Taj, donde Gandhi fue incinerado, siguiendo uno de los rituales funerarios hindúes más difundidos. En la pira, en razón de la edad y dignidad del difunto, se depositan maderas de árboles sagrados y flores cuya simbología está unida a la vida ultraterrena y a la trascendencia del espíritu en la naturaleza.

La convivencia pacífica de las diferentes comunidades –aunque con puntuales tensiones– fue posible también gracias a la idea de Nehru de crear un estado laico que estuviera por encima de los intereses individuales, de las religiones y de las castas.

Pero aunque su intención fue positiva en teoría, en la práctica, Nehru no consiguió eliminar de la vida política el poder y la influencia del hinduismo. Tras su muerte, la religión rebrotó con fuerza, demostrándose así que para la gran mayoría de ciudadanos del subcontinente, los conceptos de nación, cultura y religión son inseparables y existen uno en función del otro.

NACIONALISMO ORTODOXO

En la actualidad, existe un certero peligro que hace tambalear el futuro del país: la naciente fuerza de los radicales hindúes ortodoxos, es decir, de aquellos que consideran que quienes no son hindúes de nacimiento son bárbaros impuros; partidarios a su vez de devolver a la India el estado social de siglos atrás, el mismo que Gandhi combatió con todas sus energías.

Los nacionalistas hindúes reprochan a los diferentes gobiernos la política de conciliación que mantienen con los musulmanes y reclaman la unidad de los antiguos territorios que un día conformaron la India.

En su código político figura la siguiente aspiración: «Reconquistar la porción amputada de nuestra madre patria, es decir, todo el Pakistán y reunificar la India bajo la dominación hindú desde las orillas del Indo hasta las selvas que se extienden más allá del Brahmaputra».

GANDHI, EN EL RECUERDO

La memoria de Gandhi es, en ese complejo mundo que conforma la India de hoy, la de un recuerdo lejano y vivo. Lejano porque su testamento político quedó relegado en el camino emprendido por Nehru para modernizar el país, y vivo porque el Mahatma, el apóstol de los pobres, continúa presente entre las clases más marginadas de la India; no en vano fue a ellos a quienes iba dirigida su particular cruzada.

En vida de Jawaharlal Nehru, la India dedicó al Mahatma, un sencillo monumento, a modo de memorial: una simple plataforma de piedra negra, enclavada en el mismo lugar donde fueron incinerados sus restos mortales, a orillas del Jamna. Y en la piedra figuran –escritas en hindi y en inglés– las siguientes palabras de Gandhi: «Me gustaría que la India fuera lo bastante libre y fuerte como para ser capaz de ofrecerse en holocausto en aras de un mundo mejor. Cada hombre debe sacrificarse por su familia, ésta por su pueblo, el pueblo por el distrito, el distrito por la provincia, la provincia por la nación y la nación por todos. Yo deseo el advenimiento del Reino de Dios sobre la Tierra».

VOCABULARIO

ABHA:	Sobrina-nieta de Gandhi.
AHIMSA:	No violencia.
ÁFRICA DEL SUR:	Actual República de Sudáfrica. A finales del siglo XIX, la colonia británica de África del Sur estaba formada por cuatro estados: Natal, Orange, Colonia del Cabo y Transvaal. Gandhi vivió ventiún años en ese país.
AHMEDABAD:	Capital del Gujarat y ciudad donde fundó su primer *ashram* en la India.
AMBEDKAR:	Jurista y líder de los intocables. Partidario de la dominación británica antes que de la hindú.
AMRITSAR:	Ciudad sagrada de los sijs (estado del Punjab). Escenario de diversas matanzas.

ASHRAM:	Comunidad destinada al culto religioso, la meditación, la lectura y el diálogo.
BHAGAVAD GITA:	Libro sagrado de los hindúes.
BA:	Madre. Así llamaban a Kasturbai los discípulos de Gandhi.
BAPU:	Padre. Nombre con el que llamaban cariñosamente a Gandhi sus seguidores.
BENGALÍ:	Natural de Bengala, una provincia de la India.
BESANT, ANNIE:	Británica, directora de la Universidad de Benarés y gran defensora de la independencia de la India.
BÓERS:	Colonos blancos de ascendencia holandesa que gobernaban sobre Orange y Transvaal.
BRAHMACHARYA:	Voto de abstinencia sexual.
BRAHMANES:	Casta superior dentro del sistema social hindú, a la que pertenecían los letrados, maestros religiosos y eruditos.
CACHEMIRA:	Estado del norte de la India, causa de disputa entre la India y el Pakistán.
COOLIE:	Nombre despectivo que los británicos residentes en África del Sur daban a todos los hindúes.
CONGRESO INDIO DE NATAL:	Fundado por Gandhi en 1894,

su misión consistía en aglutinar todos los asuntos de orden público referidos a la defensa y la igualdad de los hindúes residentes en África del Sur.

CORÁN: Libro sagrado del Islam.

CHATRIAS: Segunda casta. En ella nacían los príncipes, los reyes y los guerreros.

DADA ABDULLA & Co: Firma hindú que contrató a Gandhi como abogado en África del Sur.

DEVDAS: Quinto hijo de Gandhi y Kasturbai.

DIWAN: Primer ministro de un estado.

DOTI: Paño de algodón crudo, con bordes de distintos colores, que utilizan los hindúes a modo de calzón.

DURBAN: Puerto de entrada a Natal (África del Sur).

GODSE, NATHURAM: Asesino de Gandhi. Pertenecía al partido RSSS, de ideología nazi. Junto con Narayam Apté fueron condenados a la horca, ejecutándose la sentencia el 15 de noviembre de 1949. A pesar de las peticiones de clemencia, Nehru se negó a concederles la conmutación de la pena capital.

GOKHALE, KRISHNA GOPAL: Gurú político de Gandhi y fundador de la Sociedad Servidores de la India.

GUJARATI:	Dialecto que se hablaba en el estado de Gujarat, al norte de Bombay.
HALILAL:	Segundo hijo de Gandhi y Kasturbai. Gandhi le llamaba «mi primogénito» (el primero falleció a los pocos días de nacer).
HARIDJANS:	Nombre que Gandhi dio a los intocables. Significa «hijos de Dios».
HINDI:	Idioma nacional de la India.
ÍNDIGO:	Añil, sustancia con la que se teñía el algodón, antes de ser manufacturado.
INTOCABLES:	Los sin casta de la India, según la tradición, condenados por faltas cometidas en sus anteriores vidas.
JAINISMO:	Doctrina religiosa que propugna la no violencia.
JINNAH, MOHAMMED ALÍ:	Líder de la Liga Musulmana. Su obstinación en crear un estado musulmán dio origen al Pakistán. Murió en septiembre de 1948 a causa de un cáncer.
KARAMCHAND:	Padre de Gandhi. Falleció en 1885, cuando Mohandas tenía 16 años.
KASTURBAI:	Esposa de Gandhi desde 1882 y madre de sus cinco hijos, aunque el primero falleció a los pocos días de nacer. Murió en febrero de 1944.

KHADDAZ: Traje de casaca y pantalón que se realizaba con algodón hilado a mano. Era el distintivo de los seguidores del Partido del Congreso.

KHADI: Tela tejida con algodón hilado a mano

KHAN, GHAFFAR: Conocido también como el «Gandhi de las fronteras». Seguidor y amigo del Mahatma. Jefe de los pathanes, los guerreros que vivían en la frontera con Afganistán.

KRISHNA: Dios hindú.

LAHORE: Capital del Punjab. El 15 de agosto de 1947, día de la Independencia, fue incendiada por los musulmanes.

LAKSHMI: Intocable, hija adoptiva de Gandhi.

LAXMIDAS: Hermano mayor de Gandhi y cabeza de familia tras la muerte del padre.

LEY NEGRA: Ley que obligaba a todos los hindúes residentes en África del Sur a llevar consigo un documento identificativo con las huellas dactilares. Gandhi la combatió con un movimiento de desobediencia civil.

LIGA MUSULMANA: Partido que aglutinaba a los musulmanes, dirigido por Mohammed Alí Jinnah.

LUCKNOW, PACTO: Declaración conjunta en la que hindúes y musulmanes exigían la independencia de la India (1916).

MAHARAJÁ.	Príncipe hindú.
MAHATMA:	Alma Grande, título con el que el poeta Rabindranath Tagore bautizó a Gandhi.
MANILAL:	Tercer hijo de Gandhi y Kasturbai.
MANU:	Sobrina-nieta de Gandhi y Kasturbai. El Mahatma la llamaba, cariñosamente, «mi muleta».
MANUSMRITI:	Leyes de Manú, legislador hindú, que contienen preceptos religiosos y forman la base del sistema actual hindú.
MARCHA DE LA SAL:	Campaña de desobediencia civil contra los británicos y el monopolio de la sal.
MIRABEHN:	Nombre con que Gandhi bautizó a su hija adoptiva, la inglesa Madeleine Stone.
MODH BANIA:	Subcasta de los comerciantes (vacias) a la que pertenecían Gandhi y su familia.
MOGOLES:	Dinastía de musulmanes que reinó en la India.
MOUNTBATTEN, LORD:	Último virrey de la India.
NAIDU, SAROJINI:	Poetisa y seguidora de Gandhi. Fue ella quien le llamó «padre de la nación». Acabó sus días como gobernadora de Lucknow en la India libre.

NATAL:	Uno de los estados que formaban África del Sur.
NEHRU, MOTILAL:	Jurista, dirigente del Partido del Congreso y padre de Jawarharlal.
NEHRU, JAWAHARLAL:	Abogado y Primer Ministro de la India libre desde 1947 hasta 1964, año de su muerte. Padre de Indira Gandhi.
NIZAM:	Príncipes musulmanes.
PATHANES:	Musulmanes que vivían en la frontera de Afganistán. Temible tribu guerrera.
POLAK, HENRY S.L.:	Periodista británico, amigo de Gandhi y quien le regaló el libro de John Ruskin, *Unto this last*.
PORBANDAR:	Ciudad natal de Gandhi, perteneciente al estado de Gujarat.
PRETORIA:	Capital de Transvaal (África del Sur).
PUNJAB:	Estado del norte de la India, en el que además de hindúes y musulmanes, residía la mayoría de los sijs. El más afectado por la partición de la India.
PUTLIBAI:	Madre de Gandhi. Falleció en 1882, pocas semanas antes de que Gandhi regresase de Londres, tras finalizar sus estudios.
RAJKOT:	Ciudad en la que Gandhi vivió durante su adolescencia y en su madurez.

RAMDAS:	Cuarto hijo de Gandhi y Kasturbai.
ROWLATT BILL:	Decreto por el que se mantenían las leyes de excepción en la India, con el fin de sofocar el movimiento independentista, a pesar de haber finalizado la guerra.
RUSKIN, JOHN:	Escritor y filósofo británico, autor del libro *Unto this last*.
SATYAGRAHA:	La fuerza de la verdad, resistencia pasiva y desobediencia civil.
SIJ:	Religión surgida de la unión del hinduismo y el islam. Sus adeptos forman una de las comunidades más unidas de la India.
SINGH, BHAGAT:	Estudiante sij a quien le fue conmutada la pena capital gracias a una amnistía negociada por Gandhi.
SMUTS, JAN:	General del ejército británico y ministro. Encarceló a Gandhi en diversas ocasiones. Autor de la ley que invalidaba los matrimonios no cristianos (1913).
SUDRAS:	Cuarta casta, a la que pertenecían los agricultores, artesanos y empleados inferiores.
TAGORE, RABINDRANATH:	Poeta, Premio Nobel de Literatura en 1913. Él fue quien llamó a Gandhi «Mahatma».
TAMIL:	Dialecto del sur de la India

THOREAU, HENRY: Escritor estadounidense, autor del libro *El deber de la desobediencia civil.*

TOLSTÓI, LEÓN: Escritor ruso, autor del libro *El reino de Dios está entre vosotros.*

TRANSVAAL. Uno de los estados de África del Sur.

URDU: La lengua de los musulmanes.

VACIAS: Tercera casta hindú, a la que pertenecían los comerciantes y funcionarios. Gandhi era vacia.

VISNÚ: Dios de la piedad en la religión hindú.

ZULÚES: Habitantes nativos del Transvaal.

CRONOLOGÍA

		Música, arte y literatura
1869	Nacimiento de Mohandas Karamchand Gandhi, el 2 de octubre	
1870		C. Monet, *Desayuno en el jardín.*
1871		Construcción de la Ópera de Chicago. Verdi, *Aida*
1872		L. Carrol, *A través del espejo*. J. Verne, *La isla misteriosa.*
1873		Tolstói, *Anna Karenina*. J. Verne, *La vuelta al mundo en ochenta días*
1874		Primera Exposición de artistas impresionistas. J. Strauss, *El murciélago*. Verdi, *Réquiem*
1875		Bizet, *Carmen*. Flaubert, *Madame Bovary*. É. Manet, *Argenteuil*
1876		Wagner, *El anillo del nibelungo*. M. Twain, *Las aventuras de Tom Sawyer*. Chaikovski, *El lago de los cisnes*. J. Verne, *Miguel Strogoff*. Galdós, *Doña Perfecta*
1877		H. Ibsen, *Las columnas de la sociedad.*
1878		Renoir, *El retrato de Madame Charpentier.*
1879		H. Ibsen, *Casa de muñecas*. L. Tolstói, *Mi confesión.*
1880		F. Dostoievski, *Los hermanos Karamazov*. Rodin, *El pensador.*
1881		Nacimiento de P. Ruiz Picasso.
1882	Matrimonio con Kasturbai Nakanji	R. Wagner, *Parsifal*. É. Manet, *El bar del Folies-Bergère*

Ciencia	Política
Tabla periódica de elementos (Mendeleiev y Meyer)	Inauguración del Canal de Suez. Amadeo I de Saboya es coronado rey de España. España reconoce la independencia de Perú
Horno de acero eléctrico (Siemens). Aplicación del hipnotismo en psicopatología (Charcot). Celuloide (J.W. y I.S. Hyatt).	Inicio de la guerra franco-prusiana, que durará un año. Primer Concilio Vaticano. Japón cede Birmania a Gran Bretaña. Brasil ocupa Paraguay.
Tinte de anilina para bacterias (Weigert)	El general Juan Prim es asesinado en Madrid. Proclamación del II Reich alemán (Guillermo I, *kaiser* de Alemania). Abolición del orden feudal y de la servidumbre en Japón (era Meji)
Aeroplano prototípico (A. Penaud). Freno de aire comprimido (Westinghouse)	Tercera guerra carlista en España.
Refrigerador por compresión de amoníaco (C. Linde)	Proclamación de la I República Española (Amadeo I de Saboya abandona España).
Locomotora aerodinámica	Restauración de la monarquía. Alfonso XII, rey de España.
Coche eléctrico (Siemens).	Fundación del Partido Socialdemócrata Alemán.
Descubrimiento de las toxinas. Motor de cuatro tiempos (Otto). Teléfono (Bell/Gray)	Fin de la tercera guerra carlista en España (promulgación de una nueva constitución). Serbia y Montenegro declaran la guerra a Turquía. Derrota del general George A. Custer frente a los siux
Propiedades bactericidas de la luz (Downes y Blunt). Refrigerador de aire comprimido (J. J. Coleman). Fonógrafo y micrófono (Edison).	La reina Victoria es proclamada emperatriz de la India. Gran Bretaña se anexiona el Transvaal (África del Sur).
Lámpara incandescente de carbón (Edison). Síntesis del índigo (Bayer)	Guerra entre Gran Bretaña y Afganistán. Independencia de Rumania, Serbia y Montenegro.
Locomotora eléctrica (Siemens)	Guerra entre Chile y Bolivia. Pablo Iglesias constituye el núcleo inicial del Partido Socialista. Austria-Hungría ocupa Bosnia-Herzegovina. Anexión francesa de Tahití
Ascensor eléctrico (Siemens)	
	Francia conquista Túnez. Intervención militar británica en Alejandría. Asesinato del zar Alejandro II. Reinado del *kaiser* Guillermo II
Primera estación central de generación de energía (Edison). Cámara de cinematógrafo (Marly). Turbina de vapor (De Laval). Bacilo de la tuberculosis (Krebs y Loffler)	Egipto bajo el protectorado de Gran Bretaña. Alianza entre Austria, Italia y Alemania.

CRONOLOGÍA

1883		Nietzsche, *Así habló Zaratustra*. Nacimiento de J. Ortega y Gasset. Muerte de É. Manet. J. Strauss, *Una noche en Venecia*.
1884		M. Twain, *Las aventuras de Huckleberry Finn*. Brahms, *Sinfonía nº 4 en Mi menor op. 98*
1885	Muerte de Karamchand Gandhi, padre de Mohandas. Nacimiento y muerte de su primer hijo. Fundación del Congreso Nacional Indio (llamado también Partido del Congreso) para defender la participación de los hindúes en la administración británica	É. Zola, *Germinal*. Nietzsche, *Más allá del bien y del mal*. Clarín, *La regenta*. Muerte de V. Hugo
1886		E. Pardo Bazán, *Los pazos de Ulloa*. Galdós, *Fortunata y Jacinta*
1887	Nacimiento de Halilal, segundo hijo de Gandhi	Inauguración de la Torre Eiffel. Verdi, *Otello*
1888	Viaje a Londres para iniciar sus estudios de derecho	Rimski-Korsakov, *Sherezade*. R. Darío, *Azul*
1889		V. van Gogh, *El paisaje de los cipreses*. M. Twain, *Un yanqui en la corte del rey Arturo*
1890		É. Zola, *La bestia humana*. P. Valéry, *Narciso*.
1891	Graduación como abogado en el Inner Temple de Londres. Regreso a la India.	
1892	Nacimiento de Manilal, tercer hijo de Gandhi. Ejerce de abogado y escribiente en Bombay y Rajkot	Galdós, *Tristana*
1893	Viaje a África del Sur	Muerte de Zorrilla. O. Wilde, *Salomé*. Dvorák, *Sinfonía del nuevo mundo*
1894	Funda el Congreso Indio de Natal	R. Kipling, *El libro de la selva*. J. Sorolla, *Vuelta de la pesca*. Blasco Ibáñez, *Arroz y tartana*
1895		Tolstói, *El poder de las tinieblas*. Ravel, *Habanera*
1896		R. Darío, *Prosas profanas*
1897	Viaje a la India para recoger a su familia. Regreso a África del Sur. Nacimiento de su cuarto hijo, Ramdas	M. de Unamuno, *Paz en la guerra*. E. Rostand, *Cyrano de Bergerac*

Globo dirigible (Hermanos Tissandier). Motor de gasolina de gran velocidad (Daimler). Ametralladora (Maxim)	Guerra entre Perú y Chile. Rumania se une a la Triple Alianza. Tropas francesas ocupan Madagascar
Rascacielos con armazón de acero (Chicago). Linotipia (Mergenthaler). Pólvora sin humo (Duttenhofer). Turbina de vapor (Parsons). Máquina de componer (Mergenthaler)	Somalia, Kenia y Uganda, colonias británicas
Automóvil (Daimler y Benz). Tubos sin soldadura (Mannesmann). Vacuna antirrábica (Pasteur)	Muerte de Alfonso XII, rey de España. Gran Bretaña conquista Birmania. El Congreso Nacional Indio se reúne por primera vez para lograr una participación más activa en la administración
Fabricación de aluminio por procedimiento electrolítico (Hall). Cámara portátil (Eastman). Cirugía aséptica (Bergmann).	Independencia de Bulgaria
Alternador polifásico (Tesla). Ondas electromagnéticas (Hertz). Monotipia (Leviston)	Disolución de la Triple Alianza. Creación del gobierno general de Indochina.
Máquina sumadora registradora (Burroughs).	Protectorado británico sobre el norte de Borneo
Seda artificial del desecho del algodón (Chardonnet). Cámara de cine moderna (Edison)	Exposición Universal de París. Somalia bajo el dominio italiano. Estados Unidos asume el gobierno de Cuba.
Detector (Branly). Cámaras neumáticas en bicicletas	Independencia de Luxemburgo. Alemania cede Uganda a Gran Bretaña. Destitución de Otto von Bismarck por Guillermo II
	Alianza franco-rusa (hasta 1893)
Carburo de calcio (Wilson y Moissan). Seda artificial de pulpa de madera (Cross, Bevan y Beadle)	
Producto derivado del horno de coque (Hoffman). Suero antidiftérico (Behring)	Laos, protectorado francés
«Fantoscopio» de Jenkin. Bacilo de la peste (Kitasato)	Guerra entre China y Japón. Reconocimiento de la independencia de Corea
Cinematógrafo (Hermanos Lumière). Rayos X (Roëntgen). Teoría de los electrones (Lorentz). Antena con toma de tierra (Marconi)	Promulgación en Francia de un gobierno general para el África occidental francesa.
Radiotelégrafo (Marconi). Radiactividad (Becquerel)	Francia se anexiona Madagascar. Estalla en Filipinas una insurrección dirigida por Emilio Aguinaldo
Telegrafía sin hilos (Marconi). Primer vuelo en aeroplano (C. Ader). Motor Diesel	Asesinato de José Martí, líder de la independencia cubana. Guerra entre Grecia y Turquía (Creta bajo soberanía turca)

CRONOLOGÍA

1898		Blasco Ibáñez, *La barraca*
1899	Forma parte del cuerpo de ambulancias en la guerra contra los bóers	M. Gorki, *Veintiséis hombres y una muchacha*
1900		Muerte de J. Ruskin, F. Nietzsche y O. Wilde. Freud, *Interpretación de los sueños*. J. R. Jiménez, *Almas de violeta*. J. Sorolla, *El baño*, (Gran Premio de la Exposición Universal de París)
1901	Nacimiento de su quinto hijo, Devdas. Viaje a la India con su familia, con el propósito de instalarse definitivamente en su país	G. Mahler, *Sinfonía nº 5 en Do sostenido menor*. Galdós, *Electra*. Primera edición de los Premios Nobel. Muerte de G. Verdi, de Leopoldo Alas, «Clarín», y de Toulouse-Lautrec
1902	Regreso a África del Sur	Valle-Inclán, *Sonatas de otoño*. Azorín, *La voluntad*. Blasco Ibáñez, *Cañas y barro*. Muerte de É. Zola
1903	Lectura de *Unto this last*, de John Ruskin	Gorki, *Los bajos fondos*. Antonio Machado, *Soledades*. J. London, *La llamada de la selva*. Muerte de P. Gauguin
1904	Funda el semanario *Indian Opinion*, que más tarde se convertiría en periódico. Primer *ashram*: «Phoenix»	Puccini, *Madame Butterfly*. J. Echegaray, Premio Nobel de Literatura. P. Baroja, *La busca*. Muerte de A. Dvorák y de A. Chéjov
1905		Miguel de Unamuno, *Vida de Don Quijote y Sancho*. Nacimiento de J.-P. Sartre. R. Darío, *Cantos de vida y esperanza*. Muerte de J. Verne
1906	Segunda guerra contra los bóers. Crea el Cuerpo de Ambulancias y es condecorado con una medalla al mérito militar. Ley negra en Transvaal. Primera campaña de resistencia pasiva. Fundación de la Liga Musulmana	Muerte de H. Ibsen y de P. Cézanne
1907	Voto de castidad (*brahmacharya*)	M. Gorki, *La madre*. R. Kipling, Premio Nobel de Literatura. Picasso, *Las señoritas de Aviñón*. Nacimiento del cubismo
1908	Condenado a dos meses de cárcel por la campaña de resistencia pasiva. Promulgación de la Ley Negra. Lectura de *El deber de la desobediencia civil*, de Henry Thoreau	A. France, *La isla de los pingüinos*. Nacimiento de S. de Beauvoir
1909	Publicación de su primer libro *Hind Swaraj* (*La autonomía de la India*). Intercambio epistolar con Tolstói	P. Baroja, *Zalacaín el aventurero*. A. Gide, *La puerta estrecha*
1910	Funda el segundo *ashram*, llamado «Tolstói»	Muerte de L. Tolstói y M. Twain

Lámpara de osmio (Welsbach). Radio (Pierre y Marie Curie).	Guerra de Cuba. Estados Unidos derrota a España. Independencia de Cuba
Bobina para telegrafía y telefonía a larga distancia (Pupin)	Segunda guerra de los bóers (África del Sur) contra Gran Bretaña. Sudán, condominio anglo-egipcio.
Acero para herramientas rápidas (Taylor y White). Teoría de los cuantos (Planck). Dirigible (Zeppelin)	Fundación del Tribunal Internacional de La Haya. Constitución de la Commonwealth de Australia.
Teoría de la mutación (De Vries). Teoría de los reflejos condicionados (Pavlov). Estudio de la psicología animal (Morgan).	Theodore Roosevelt, presidente de Estados Unidos. Muerte de la Reina Victoria de Inglaterra. Eduardo VII le sucede en el trono.
Motor de aeroplano de tipo radial (Charles Manly).	Alfonso XIII, rey de España. Suráfrica se convierte en colonia británica
Fototelegrafía (Korn). Lámpara de tántalo (Von Bolton).	Autonomía de Islandia. Independencia de Panamá. El Reino Unido conquista el norte de Nigeria
Cromosomas (Boveri)	Guerra entre Rusia y Japón. Inicio de la construcción del canal de Panamá
Bomba de mercurio rotatoria (Gaede). Teoría de la relatividad (Einstein).	Primera revolución rusa. Haakon VII, rey de Noruega
Resinas sintéticas (Baeckeland).	Creación de la Liga Musulmana de la India. Fundación en Gran Bretaña del Partido Laborista
Máquina automática de fabricación de botellas (Owen). Fotografía-televisión (Korn). Hormigón colado (Edison)	Segunda Conferencia de paz en La Haya.
Primer vuelo en biplano con pasajero (H. Farman y L. Delagrange). Síntesis del amoníaco industrial (Haber y Bosch)	Austria se anexiona Bosnia-Herzegovina. Asesinato del rey Carlos I de Portugal y de su sucesor. Fernando I se proclama zar de Bulgaria. Creta se incorpora a Grecia. Bélgica se anexiona el Congo
Duraluminio (Wilm). Caucho sintético (Hoffmann).	Fin de la intervención de Estados Unidos en Cuba
Brújula giroscópica (Sperry). Teoría cromosómica de la herencia (Morgan). Grupos sanguíneos	Muerte del rey Eduardo VII. Jorge de Windsor, rey de Gran Bretaña. Proclamación de la República de

CRONOLOGÍA

1911		P. Baroja, *El árbol de la ciencia*. Muerte de G. Mahler. *La Gioconda* de L. da Vinci, es robada del museo del Louvre
1912	Voto solemne de renuncia a toda propiedad privada	A. Machado, *Campos de Castilla*
1913	Campaña de desobediencia civil contra la ley que invalidaba los matrimonios no cristianos. Cruza la frontera prohibida del Transvaal. Encarcelado junto a miles de personas	Stravinski, *La consagración de la primavera*. Rabindranath Tagore, Premio Nobel de Literatura. Nacimiento de A. Camus
1914	Carta Magna de los derechos de los hindúes. Viaje a Londres	Kafka, *El proceso*
1915	Regresa a la India definitivamente. Tagore le llama «Mahatma». Adopta la vestimenta hindú (*khaddaz*)	R. Rolland (biógrafo de Gandhi), Premio Nobel de Literatura. Manuel de Falla, *El amor brujo*
1916	Pacto de Lucknow: hindúes y musulmanes exigen conjuntamente la autonomía de la India. Polémico discurso de Gandhi en la Universidad de Benarés	S. Freud, *Introducción al psicoanálisis*. Kafka, *La metamorfosis*. Blasco Ibáñez, *Los cuatro jinetes del Apocalipsis*. Muerte de R. Darío y de E. Granados
1917	Primera acción en la India a favor de los plantadores de índigo en Champaran (Bihar). Huelga de obreros textiles en Ahmedabad. Campaña contra el pago de impuestos en Kheda	J. R. Jiménez, *Diario de un poeta recién casado*. Muerte de E. Degas y de A. Rodin
1918	Inicia una campaña de reclutamiento de soldados para apoyar al gobierno británico en la Primera Guerra Mundial	Muerte de C. Debussy
1919	Huelga general contra el decreto «Rowlatt Bill». Huelga general y ayuno de 24 horas. Baño de sangre en Amritsar (Punjab)	P. Neruda, *Poemas*. Muerte de A. Renoir
1920	Es elegido presidente del Partido del Congreso. Empieza la lucha no violenta contra la dominación británica. Primera campaña de	Valle-Inclán, *Divinas palabras*. P. Valéry, *El cementerio marino*. Muerte de B. Pérez Galdós y A. Modigliani

(Moss / Landsteiner). Turbohélice (Kaplan).	Portugal. Proclamación de la Unión Surafricana. Inicio de la revolución mexicana. Revuelta en Costa de Marfil. Anexión de Corea por Japón
Modelo del átomo (Rutherford). Tanque (Burstyn).	Guerra entre Italia y Turquía. Francia ocupa Fez
Vitaminas (Hopkins). Modelo del átomo (Bohr). Estudio de la genética humana (Lenz).	Fundación del Congreso Nacional Africano. Guerra entre España y Marruecos. Proclamación de la República de China
Luz de filamento de tungsteno (Coolidge). Tubo termoeléctrico (Meissner).	Turquía cede sus posesiones europeas a los estados balcánicos
	Inicio de la Primera Guerra Mundial. Colombia reconoce la independencia de Panamá. Egipto se convierte en protectorado británico
Aeroplano metálico (Junkers)	Estados Unidos invade Haití
Onda corta dirigida (Marconi)	Asesinato de Rasputín. Estados Unidos invade la República Dominicana. Proclamación de la República de Polonia.
Patología sexual (Hirschfeld).	Revolución Rusa. Rusia reconoce la independencia de Finlandia.
Aeroplano ligero (Klemen).	Fin de la Primera Guerra Mundial (19 millones de muertos). Guerra civil en Rusia. Proclamación de las repúblicas de Polonia, Estonia, Lituania, Letonia, Checoslovaquia, Hungría y de la República Federal Socialista Soviética Rusa. Reconocimiento de Islandia como estado independiente
Película sonora (Vogt, Engl y Masolle).	Bélgica se anexiona Ruanda y Burundi. Independencia de Austria. Siria, protectorado de Francia. Guerra de la independencia afgana contra la India británica
	Palestina bajo mandato británico. Guerra entre Rusia y Polonia. Gran Bretaña se anexiona Kenia

	resistencia pasiva. Boicot a los tejidos ingleses y negativa a cooperar en la economía británica.	
1921	Elige como indumentaria el doti (paño sujeto en la cadera)	L. Pirandello, *Siete personajes en busca de autor*. A. France, Premio Nobel de Literatura. Ortega y Gasset, *España invertebrada*. M. de Unamuno, *La tía Tula*. Muerte de E. Caruso
1922	Huelga de impuestos en Bardoli (Gujarat). Matanza en el cuartel policial. Gandhi interrumpe el movimiento e inicia un ayuno. El 18 de marzo es condenado a seis años de cárcel como instigador	J. Joyce, *Ulises*. J. Benavente, Premio Nobel de Literatura. Muerte de M. Proust
1923		P. Neruda, *El hondero entusiasta*. B. Shaw, *Santa Juana*. Muerte de S. Bernhardt y de J. Sorolla
1924	Sale de la cárcel por motivos de salud. Ayuno de 21 días en pro de la reconciliación entre musulmanes e hindúes	F. García Lorca, *Romancero gitano*. P. Neruda, *Veinte poemas de amor y una canción desesperada*. Muerte de F. Kafka, A. France y G. Puccini
1925	Funda la «All Indian Spinners Association»	G. B. Shaw, Premio Nobel de Literatura. R. Alberti, *Marinero en tierra*
1926		M. de Falla inicia *La Atlántida*. Muerte de A. Gaudí, C. Monet y R. M. Rilke. Inauguración de la escuela de arquitectura de la Bauhaus
1927		M. Proust, *En buscca del tiempo perdido*. Muerte de J. Gris y de Isadora Duncan
1928	Se publica su libro *Satyagraha in South África*	M. Ravel, *Bolero*
1929		T. Mann, Premio Nobel de Literatura. A. Gide, *La escuela de las mujeres*. R. Alberti, *Sobre los ángeles*
1930	Segunda campaña de resistencia pasiva y desobediencia civil: Marcha de la sal. Es encarcelado el 4 de mayo junto a miles de congresistas. Primera Conferencia de la Mesa Redonda en Londres	Muerte de J. Romero de Torres
1931	Sale de la cárcel el 26 de enero (Tratado de Delhi). Suspensión de la campaña de desobediencia civil y liberación de todos los presos políticos el 5 de marzo. En septiembre viaja a Londres para participar en la segunda Conferencia de la Mesa Redonda. Estancia en Francia, Italia y Suiza	M. Gorki, *El imán*. Saint-Exupéry, *Vuelo de noche*. M. Ravel, *Concierto en Sol mayor para piano y orquesta*. Muerte de A. Pavlova
1932	Es encarcelado en Yeravda el 4 de enero. Ayuno hasta la muerte contra las elecciones separadas de	

Teoría de la herencia (Baur, Fischer y Lenz). Mutaciones por radiación (Muller). Insulina (Mackad, Benting y Best).	Fin de la guerra civil rusa (más de 20 millones de muertos). Fin del protectorado británico sobre Egipto. Stalin, secretario del Partido Comunista Soviético. Independencia de Mongolia, de Afganistán y de Irán
Autogiro (De la Cierva).	Independencia de Egipto. Gran Bretaña conserva el control sobre el canal de Suez. Marcha sobre Roma de Benito Mussolini.
	Fin de la guerra civil en Irlanda. Golpe de Estado de Primo de Rivera. Golpe de Estado de Hitler
	Muerte de Lenin. Insurrección de los rusos en Siria
Mecánica cuántica (Heisenberg, Bohr y Jordan).	Proclamación de la República del Líbano
	Advenimiento de Hiro-Hito en Japón
Enlace telefónico transoceánico (Marconi). Primera travesía en avión por el Atlántico (Lindbergh)	Fin de la guerra de Marruecos. Ejecución de los anarquistas Sacco y Vanzetti
Teoría del gen (Morgan). Penicilina (Fleming). Magnetófono (Pfleumer).	Chang Kai-Chek, presidente de la República China
Televisión y telecine (Karvlus y Telefunken).	Herbert Hoover, presidente de Estados Unidos. Crac de la Bolsa en Nueva York. Creación de la Ciudad del Vaticano
Teoría de la evolución (Haldane y Fischer). Motor de propulsión a chorro (Schmidt).	Los nazis triunfan en las elecciones generales de Alemania
Hidrógeno pesado (Libey, Brickwedde y Murphy).	Proclamación de la II República Española (Alfonso XIII abandona el país)
Sulfamidas (Domagk).	Constitución del reino de Arabia Saudita.

	hindúes e intocables.	
1933	Campaña a favor de los intocables. Funda la revista *Haridjan*	A. Malraux, *La condición humana*
1934	Abandona, decepcionado, la dirección del Partido del Congreso	L. Pirandello, Premio Nobel de Literatura. Ortega y Gasset, *El espectador*
1935	Gran Bretaña transfiere algunos poderes a los dirigentes hindúes. Gandhi recorre centenares de pueblos para dedicarse a la pedagogía popular	Muerte de F. Pessoa
1936		Muerte de R. del Valle Inclán, F. García Lorca, R. Kipling y M. Gorki. E. O'Neill, premio Nobel de Literatura
1937	Elecciones generales. Nueve ministros (de un total de 11) pertenecen al Partido del Congreso. Entrada en vigor de la nueva Constitución. Birmania es separada de la India y recibe el *status* de colonia británica	Muerte de M. Ravel. Picasso, *Guernika*
1938		J.-P. Sartre, *La náusea*. J. Cocteau, *La voz humana*. Muerte de G. D'Annunzio. P. S. Buck, Premio Nobel de Literatura
1939	Escribe a Hitler instándole a que acabe con la guerra	Muerte de A. Machado y de S. Freud
1940	Se manifiesta contra la intervención de la India en la Segunda Guerra Mundial	
1941		Muerte de J. Joyce, V. Woolf y R. Tagore
1942	Campaña «Quit India», en la que se exige la completa independencia de la India. El 9 de agosto es encarcelado.	R. Strauss, *Capriccio*
1943		
1944	Muerte de su esposa, Kasturbai. Excarcelación, el 6 de mayo, por motivos de salud. Fracasa en el intento de llegar a un acuerdo con M. Jinnah de la Liga Musulmana	Muerte de V. Kandisnky, P. Mondrian y A. de Saint-Exupéry
1945	Jinnah exige la división de la India. 16 de agosto (Jornada de Acción Directa), violentos disturbios en Calcuta	C. Laforet, *Nada*. Muerte de A. Frank y P. Valéry. G. Mistral, Premio Nobel de Literatura
1946		Muerte de M. de Falla. H. Hesse, Premio Nobel de Literatura

Automóvil aerodinámico (Fuller)	Concordato de la Santa Sede con el Tercer Reich. Terranova pasa a ser colonia británica
Relatividad artificial (Juliot y Curie). Fisión del uranio (Fermi). Síntesis de la vitamina C (Reichtein)	Hitler asume la presidencia de Alemania. Alejandro de Yugoslavia es asesinado. Larga marcha de China. Los comunistas inician la retirada.
	Restablecimiento de la monarquía en Grecia (Jorge II). Italia invade Etiopía
	Inicio de la guerra civil española. Muerte del rey Jorge V de Gran Bretaña. Coronación de Eduardo VIII, que abdica poco después
Fibra de nailon (Schlack y Carothers)	Coronación de Jorge VI
Fisión nuclear artificial (Hans y Strassman)	
Corazón artificial (Gibbons)	Fin de la guerra española. Pío XII sucede a Pío XI. Inicio de la Segunda Guerra Mundial
Factor Rh (Landsteinern y Weigner)	Churchill, primer ministro de Gran Bretaña. Estonia, Letonia y Lituania se integran en la URSS, en calidad de repúblicas socialistas soviéticas
Descubrimiento del plutonio (Mac Millan)	Siria y Líbano obtienen la autonomía. Japón ataca Pearl Harbor
	Desembarco aliado en África. Victoria del mariscal Tito en Bosnia
	Derrocamiento de Mussolini
	Desembarco en Normandía
	Explosión de la primera bomba atómica en Hiroshima. Fin de la Segunda Guerra Mundial (más de 50 millones de muertos). Proclamación de la República Federal de Yugoslavia. Ocupación soviético-estadounidense de Corea. Independencia de Vietnam y Camboya.
	Proclamación de la República Popular de Albania. Estados Unidos otorga la Independencia a

1947	El 3 de junio, el primer ministro británico anuncia la división e independencia de las Indias británicas. El 15 de agosto se proclama la independencia. En octubre estalla la guerra entre India y Pakistán por la soberanía de Cachemira	A. Gide, Premio Nobel de Literatura
1948	El 20 de enero, en Nueva Delhi, sufre un atentado con bomba. El 30 de enero muere asesinado por el fanático hindú Nathuram Godse, en Nueva Delhi	T. S. Elliot, Premio Nobel de Literatura

Filipinas. El general Perón, presidente de la República Argentina. Inicio de la guerra de Indochina. Restauración de la monarquía en Grecia (Jorge III). Juicio de Nuremberg
Guerra civil en Grecia. Gran Bretaña reconoce la independencia de la India, Pakistán y Birmania

Harry S. Truman era el presidente de Estados Unidos (cargo ocupado desde 1945 a la muerte de F. D. Roosevelt). Inicio de la guerra de Palestina. Proclamación del estado de Israel

BIBLIOGRAFÍA SELECTA EN ESPAÑOL

Mahatma Gandhi, *Autobiografía. La historia de mis experimentos con la verdad*, Caracas, Monte Ávila Editores, 1973
Heimo Rau, *Gandhi, «Alma Grande»*, Madrid, Ediciones Temas de Hoy, (Colección bolsiTEMAS, 35), 1994
Lapierre y Collins, Dominique y Larry, *Esta noche, la libertad*, Barcelona, Plaza & Janés Editores, 1975
Romain Rolland, *Obras escogidas*, Madrid, Aguilar, 1969

OTROS TÍTULOS DE LA COLECCÍÓN:

Van Gogh

Ludwig van Beethoven

Napoleón Bonaparte

Miguel de Cervantes

Winston Churchil

Charles Darwin

Thomas Alva Edison

Albert Einstein

Federico Fellini

Adolf Hitler

Joan Miró

José Ortega y Gasset

Pablo Picasso

Santiago Ramón y Cajal

Josif Stalin